文
景
———
Horizon

世纪文景

北京世纪文景文化传播有限责任公司 出品

再造传统

带着警觉加入全球

立斋文存

刘 东 著

世纪出版集团 上海人民出版社

目　录

全球化还处在过程中，还介乎方生方成中。必须时刻保持清醒，这种趋势毕竟是人类社会的趋势，要由人类这种主体来历史性地接力完成，由此，它就不会是"不以人的意志"为转移的。——这也就意味着，这个过程能否最终完成，以及到底朝什么方向完成，除了其他的决定因素之外，还要取决于一代代人类成员的主动选择，其中也可能包括扭转式的转折。

必须敞开发展的路径，敞开历史的可能，敞开主体的选择，不要把全球化的未来看死了。在这个意义上，不管传统文化命当如何，眼下都不要看死了它，不要把它当作气息奄奄的、只配受到保护和进行展览的熊猫，而要让它跟生猛的当代文化去厮混，去摸爬滚打，以获得跟世界并长争高的生命力，否则，这种文化从一开始就已死亡了。

反讽的是，我们用舶来的"文化遗产"四个字来命名中国的山川与景观，本身就已经潜在地证明，传统文化确被打上了强烈的外来印迹；而中国的文化景观和生态环境败落至此，正是中西近代碰撞的突出历史效应之一。

即使是这样一种伟大的语言，在近现代西方不断的强压下，也持续出现了漫画式的变形。自从"五四"时期以来，很多新派的知识分子都在一种截然的文明二分框架下，认定我们的语言文字必然劣于西方的语言文字，必须像毒瘤一样尽快切除。

就在那古老的和诗意盎然的居住世界上，如今正好可以最直观地目睹全球化的负面影响。建筑语言变得既纷乱、随意而又贫乏，新楼的格调也变得既光怪陆离又千篇一律。城市的景观已面目全非，既失去了人文记忆，也失去了个性特征，除非谁愿意把那种大杂烩当作一种特定时代的风格。

电影这种文化项目似乎最能展示全球化的凯歌行进。在西方观众从银幕上重温着他们所要求的中国形象的同时，中国观众也在银幕或电视屏幕上重温着被灌输的西方形象。这种情景也许最能体现当今这种全球化所蕴含的风险。

在中国传统的"物之序"中，向有所谓"药食同源"的说法，对于动物性药材的外来疑虑，会使中医这种早已式微的文化遭到更加严峻的、釜底抽薪式的危险。这里的关键根本就跟伦理道德不沾边，无非是反映了传统文明跟近代文明的冲突。

中国古人特有的体育文化，作为他们须臾不可离身的生活方式，作为同古代思想相交融的体验宇宙与人生奥秘的实践功夫，乃是整个文明系统的有机组成部分。它仅仅镶嵌于中国文化的总体背景中，具有不可归约为外来体育观念的独特境界。

正是作为"传统学术文化之总称"的国学，以及它同西化教育体制的格格不入，才要求我们澄清一个基本事实：当中华文明还像是个正常文明的时候，"通识"教育正是它主要的教育内容。也就是说，不管当年的中华文明缺什么，也绝对不缺乏通识教育。

一旦西风随着全球化吹来，这种经历过历史洗礼的、长期行之有效的家庭文化，便被"弃之如敝屣"地革除了；而更加可怕的是，对于由此所造成的虽无形却又确凿的社会伤害，人们甚至直到现在还不以为意。

◎在全球化中漂移的中国性 / ◎危与机并存的复杂态势 / ◎自我殖民还是中体西用？

"中体西用"这样的一种文化纲领，跟"和魂洋才"之类的口号一样，根本就是在全球化的席卷中，非西方文明所能作出的唯一合理的选择，既凸显了自家文化的能动性，又表现了对于外来信息的主动选择。我们这块土地上的未来文化模式，既必须是标准"现代"的，由此而显出对于全球化的汲取与适应，又必须是典型"中国"的，由此而显出对历史传统的激活与承继。

◎只能当成宿命去承担 / ◎重建政治合法性 / ◎重新思考发展模式

全球化对于全体地球人来说，都意味着一场输赢之间的"博弈"，而这场"博弈"中最可能的"输家"，必将是那些对它置若罔闻的个人与国家。

如果能够发挥自己的文化主体性，找到适合于中国独特国情的"发展模式"，那么，我们不仅有可能大大缓解空前的危机，甚至有可能再次焕发中国自身的智慧，创造出善待这个小小星球的、具有永恒价值的文化选项。由此可知，实则真正迫在眉睫的就是有效激活本土文化的原创力。

小 引

● 十年前，我曾经接受国际学界的委托，为联合国《世界文化报告》打算新增的"中国部分"，主持撰写过一份讨论的提纲，题为《中国文化与现代化（草稿）》。[1] 眼下这份应邀讲演的课件，则基于提纲草稿进行了大幅度的扩充，篇幅已从原稿的一万余字，扩充为现在的十多万字。此外，对于原有的部分论说内容，在删除了无需向国内读者多作解释的背景之后，也参照着十年来的情势变迁和扩展的阅读范围，进行了必要的增补与修改；尤其是，对论述的重心与次序，根据国内听讲

---

1 作为这份提纲的主笔，我曾在写作过程中，针对各个具体的文化案例，得到过王明贤、董豫赣、彭春凌、彭姗姗和何恬的指教或协助，这里再次向他们诚恳致谢。当然，任何论点如有不妥，文责概由我本人独自承当。

对象的不同需求，进行了一百八十度的调整，准此也把全文标题改成了《再造传统：带着警觉加入全球》。

● 新增的四个有关外来文化冲击的具体案例，即"体育"、"熊胆"、"通识"和"家庭"的问题，都利用了自己另外的研究，而且主要是那次写作之后的研究；由此，虽则案例的写作风格略有差异，但总体视域却有所放宽。——这应当可以说明，自从上一次写作以来，自己对于该论域的问题，一直在投以相应的、不断扩展的关注。今后如果再有时间，我还会针对"绘画"、"诗歌"、"戏剧"甚至"饮食"这样的课题，再次进行相应的补充写作，以使总体的照应面更趋丰富。

● 然而兹事体大，涉及大小不一的众多方面，不可能只在一次课程中环环相扣地进行逻辑推演，所以，只能点到为止地触及相应的"知识点"，以此构成课件的主体，再到课堂上即兴发挥；否则，便不可能在相当有限的时间内，一扫而掠过如此广阔的论域，帮听众获得总括的、鸟瞰式的了解。当然，我也充分意识到，越是采取这样的跳跃体例，就越是对自己的知识面和平衡感提出了巨大的挑战。

● 考虑到进一步阅读的需要，我还在这些必须掌握的"知识点"

之外，把一些与此相关的、可以增进理解的引文，以另一种可以区别的字体径直嵌入到正文的段落之间，并冠以符号"◎"来标示。这些内容在讲演的现场未必有时间逐条讲解，却可以用 PPT 的形式额外地提供给听众，使之可以用手机现场拍摄下来，携到课余作进一步参考。这还有一个附带的功效，就是提供必要的参考书目。——更加不在话下的是，通过这些众声喧哗的、并不强求一致的阅读材料，有心的听众足以领悟到，针对"全球化"这个话题，发出过各种不同的声音。

第一章　尚在过程中的全球化

● 晚近以来，一项相当引人注目的学术发展，就是把理科中的生物学研究，跟文科中的人类学研究与历史学研究，进行了卓有成效的结合。分子生物学发现，地球上任何两个人的全部基因组之间的平均差别，仅为千分之一；而在父子间遗传的 Y 染色体基因组内，发生突变的概率又只有三千万分之一。此外，同一血缘团体的成员间，在基因水平上对内享有共性，对外则保有边界。这不但为我们通过对比而研究血缘人群的遗传历史，也为我们追溯自远古以来就反复分化、融合的各种大型混合人群迁徙与互动的漫长过程，提供了科学上的手段。由此，经过国际上各基因组的合作排查，到我们为止的演化过程就空前清晰地展现出来，其大体的情况是：13 亿年之前，出现了我们的亲戚草履虫；300—400 万年之前，人类从一种古猿演化而来；200 万年之前，人类第一次走出非洲；大约 10 万年之前，他们第二次走出非洲。这意味着，我们几乎全都是第二次走出非洲的晚期智人的后代，或者说，当今遍布整个地表的人群，原本就来自同一个物种。由于《圣经》掌故的影响，国外把现代人类的母系起源形象地称为"非洲夏娃"；而来自这同一"老母猴子"的后代，由于从那里出走到世界各地，必须适应不同的环境而生存，就逐渐演化成如今这种有同有异的样子。

● 然而，人类历史正像《三国演义》所说，其大势是"分久必合"。这些已然来到世界各地、各自构建了不同文明系统的人科动物，毕竟还享有 99.9% 相同的基因，还可以相互通婚，共同生子；诺姆·乔姆斯基[1] 曾通过"普遍语法"的命题，从作为遗传因素的语言潜能方面，把这种具有确定性的人类，同所有的其他动物区分开来。这种本质上相通的人科动物，免不了要穿越文明去相互往来，这既构成了前人进行跨文化活动的基础，也构成了后人进行跨文化研究的基础。——比

---

1 Avram Noam Chomsky（1928— ），麻省理工学院语言学荣休教授，所创"生成语法"（generative grammar）理论被认作 20 世纪理论语言学研究上最伟大的贡献。——编注

如，李零就曾在《中国学术》上撰文指出，古代中国有一种重要的艺术主题，即将若干不同种类的动物（鹰、狮、虎、鹿、羊等）混合而成的、背生双翼的想象动物，广泛用于各种不同的材质（金、银、玉、石、陶、铜等），它流行于春秋战国到魏晋南北朝的艺术作品中。长期以来，这被当作我们最典型的国粹，然而，李零通过搜集先秦两汉时期的典型材料，并与域外的类似主题进行比较研究，却发现，这是一种虽已被"中国化"却仍"大有胡气"的艺术主题。这个案例相当扎实地说明，早从公元前6世纪开始，就已经有了横跨亚洲大部的绵延艺术主题；这种视觉表象作为一种确定的文化遗迹，足以说明那时就有相当广泛的人类交往，虽然我们还毋须用"全球化"来命名它。

◎ 中国的有翼神兽，无论就文献记载看（如《汉书·西域传》的记载），还是从文物形象看（如依托狮子的形象），都与西亚、中亚和欧亚草原的艺术有不解之缘。它在中国艺术中的出现似可上溯到春秋中期或至少是晚期，是从那时突然出现，逐渐发展为中国艺术的重要主题。其流行时期主要是从公元前6世纪到公元6世纪这一段。春秋中期到战国时期（公元前6—前3世纪），即与格里芬在波斯、中亚和欧亚草原的流行期大致同步而略晚，中国也有很多类

似发现，它们是以铜器和铜器纹饰为主，即主要是小件青铜器或青铜器的装饰物。主题，最初是以典型的格里芬即鹰首类最突出（战国以后逐渐衰亡），但带翼鹿（麒麟）、带翼狮和带翼虎也已出现，主要类型都已齐全。它们的风格与西亚等地流行的格里芬在主体特征上是一致的，比后来更有外来特点。[1]

● 考古新发现促使史学家们重新思考、认识和组织中国历史的叙事。比如，"中央王国"是否总是对非汉族的外来者怀有敌意？崇山峻岭和西部一望无际的沙漠使得中国地理意义上的边疆充满险阻，这一点确保了只有少量的外国人来到中国以及少量的中国人去往外国；而这些历经艰险的旅行者确实从域外带回了知识和技术。比如佛教本是印度的信仰体系，后来在中国发展成为国教之一，这一惊人的成功，证明了古代中国人对外来宗教是如何的开放和包容。[2]

● 到了近代，随着合理性资本主义的扩张性发展，人类各个群落间的交往就变得更加常见甚至常态化。汉学家卜正民（Timothy Brook）写过一本有趣的书，通过对几幅艺术画面

1 李零："论中国的有翼神兽"，见《中国学术》第五辑，北京：商务印书馆，2001 年。
2 ［美］芮乐伟·韩森：《开放的帝国：1600 年前的中国历史》，梁侃、邹劲风译，南京：江苏人民出版社，2007 年，第 3 页。

再造传统：带着警觉加入全球

的分析，生动地展示了一个在人类欲望的膨胀下逐渐变得狭小起来的物质世界。——"在一幅绘画中，一名荷兰军官倾身向前，正对着一名面带笑容的女子。在另一幅画中，一名女子站在窗口，掂量着几枚银币。在第三幅画中，水果从瓷碗中滚出，滑落在一条土耳其地毯上。维梅尔的绘画作品向来以美丽与神秘征服世人：这些描绘精巧的动人时刻背后隐藏着何等奇妙的故事？正如卜正民在《维梅尔的帽子》中向我们展示的那样，尽管这些图画的含义似乎十分私密，但它们实际上为世人打开了通往一个迅速扩张的世界的大门。军官戴的时髦帽子是用海狸毛皮制成的，当时的欧洲探险家从土著美洲人那里用武器换取海狸毛皮。贩卖海狸毛皮的收益则为水手寻找前往中国的新航线之旅提供了资金支持。在中国，欧洲人用秘鲁银矿出产的银子，购买了数以千计的瓷器，瓷器成了这段时期荷兰画作中最亲切的常客。卜正民追溯了迅速成长的全球贸易网络，正是全球化经济的发展，让海狸毛皮、土耳其地毯和中国瓷碗同时出现在台夫特（Delft）的客厅里。"[1]

1　［加拿大］卜正民：《维梅尔的帽子：从一幅画看全球化贸易的兴起》（*Vermeer's Hat:The Seventeenth Century and the Dawn of the Global World*），刘彬译，"引言"，上海：文汇出版社，2010 年。

● 即使如此，在以往那些相对寂静的岁月里，人们还是无法想象，人类各个文明之间的交往，竟能变得像现在这样频繁、密切、嘈杂，甚至成了须臾不可稍离的生存手段。今天，即使在最平凡的日常起居中，我们也是从早到晚一刻不停地离不开作为整体的"全球场"。——不过，这种整合却带来了让人爱恨交加的双刃剑。一方面，我们由此好像是更加自由了，从这块疆域到那块疆域，大家可以轻易地飞来飞去，享受到各种文明的发明与特色。可另一方面，正如德国社会学家乌尔里希·贝克（Ulrich Beck，1944—　）在其名著《风险社会》（*Riskogesellschaft*）中所说，在地球越变越狭小逼仄的同时，人类生存的空间也被日渐压缩，使得心情与感受越来越紧张，因为地球上任何角落的突发事件，都可以即时传播到我们耳朵里，要求全体人类共担风险，从而构成我们心跳加快和夜里失眠的理由。

———————————

◎ 自 20 世纪 50 年代起，无论人们身处地球的何方，彼此之间的联系都比以往任何时候更加密切。全球性的接触（在世界范围的人际关系的意义上来说）比以往任何时候都更加频繁，形式更加多样，发生得更加迅速，影响也更加深远。全球意识已不再局限于学者和精英人士偶尔谈起的话题，而已成为各个国家、各种文化和各个阶

　　　　　　　　　　　　　　再造传统：带着警觉加入全球

级的人民的日常生活经验。

◎ 且看主要或完全是在 20 世纪中期以来出现的许多新型的全球联系：
因特网、电视、卫星、光纤电缆、航空、全球会议、洲际连锁生产、
全球营销策略、电子货币和金融、近海地带、洲际导弹、国际刑警
网、全球人权工具、联合国体系、气候变化、同温层臭氧损耗、生
物多样性丧失、全球性体育竞赛、"世界纪录"、"世界音乐"以及
从外层空间拍摄的地球照片。在此之前的数代人都对这些全球性的
事物一无所知或知之甚少。[1]

● 互联网上有段俏皮话，虽然说得有点损，却有点歪打正着地，
从消费或欲望的角度，说明了当代生活的全球化程度："住英
国房子，买俄罗斯别墅，用瑞典手机，戴瑞士手表，做泰国
按摩，洗土耳其桑拿，雇菲律宾女佣，配以色列保镖，开德
国轿车，坐美国飞机，喝法国红酒，吃澳洲海鲜，抽古巴雪
茄，穿意大利皮鞋，看巴西足球，观奥地利歌剧，活日本长
寿，拿丹麦津贴，领沙特工资，当中国干部！"当然，我相
信绝大多数人的生活都不可能这么过分，——即使今后也不

---

1 ［英］罗兰·罗伯逊、扬·阿特·肖尔特（英文版主编)：《全球化百科全书》，王宁主编，
南京：译林出版社，2011 年，第 1—2 页。

能，因为地球的资源根本就承担不起。不过，随便往周围打量一下，会发现我们日常起居中的全球化程度，也已相当不低。比如，让我们随便放纵一下想象：早上起床去一趟卫生间，就可能用到西班牙的洁具、韩国的牙膏和台湾的肥皂；再走进书房打开笔记本电脑，可能正是美国的苹果品牌；在电脑上浏览一则新闻，那可能正是法国总统选举的结果；又接到一个电话，就算那不是留学的孩子从新西兰打来的，使用的也可能是芬兰公司的手机；再吃一顿简单的早餐，很可能吃到奥地利的奶酪、意大利的橄榄油、澳大利亚的燕麦片；餐后，还可能再吃几粒美国的多维、巴西的蜂胶和韩国的人参胶囊；然后开车上班，开的很可能是德系的车，而车载收音机却来自新加坡，播放着俄罗斯的老歌；到单位后再看看一天的日程，很可能要回复来自日本的电邮，讨论派驻非洲或马来西亚的项目，或是接待来自丹麦或瑞典的访客……

● 不必再往下具体推想了，那样的列举会没有尽头的。如果说，在老舍的名剧《茶馆》里，那位反派人物唐铁嘴的逗笑台词，就已经让他有了某种"国际化"的感觉——"你看，哈德门烟是又长又松，一顿就空出一大块，正好放'白面儿'。大英帝国的烟，日本的'白面儿'，两大强国侍候着我一个人，这点福气还小吗？"——那么相比起来，大家今天的日常生活，

再造传统：带着警觉加入全球

就连说是让"八国联军"侍候着，恐怕都嫌不够带劲儿，根本就是被联合国侍候着！而讽刺的是，这种日常生活的密切国际化，的确很便于国人去抵制"哪国货物"，因为几乎触目就能找到相应的对象；可反过来说，让那些极端人士感到懊恼的是，他们由此也最终"制裁"了本国同胞，因为无论其制造商还是所有者，都跟中国本身脱不开干系。

———————

◎ 我们来看一个活生生的全球化的例子。全球化的故事可能就藏在一块小小的计算机硬盘（hard disk drive）之中（如果这个计算机是 1995 年以后买的）。拆开计算机，我们会发现，硬盘可能就是 Seagate 公司生产的——Seagate 是世界上最大的计算机硬盘生产商。这个硬盘有一个部件叫做脑件（head）（读写数据的设备），一般由两道工序制成，一是薄件（wafer）制作，一是称之为 HGA（Head-Gimbal Assembly）和 HAS（Head-Stack Assembly）的工序。薄件制作是硬盘生产中技术最尖端的工序，Seagate 公司把它安排在美国和北爱尔兰；HGA 是硬盘生产中最不需要技术、劳动力强度最大的工序，被安排在泰国、马来西亚、菲律宾。脑件中的印刷电路板在泰国制造，而把元件装入印刷电路板则安排在印度、印度尼西亚、马来西亚和新加坡。硬盘还有一个部件叫作媒质元件（media）（信息存储设备），是硬盘生产中技术较为复杂的一部分，最近从美国移到了新加坡。还有一个部件叫作马达（motors）（使媒质元件精确旋转的设备），被安排在泰国制造（也有可能从日本进口，日本的 Nippon Densan 公司占有 75% 的世界市场）。最后一道工序是硬盘组装，要求的技术比较低，安排在马来西亚、菲律宾、新加坡。[1]

◎ 时空的客观特性经历了彻底革命的过程，我们不得不改变我们自己阐述世界的方式，有时候需要以十分激进的方式。我使用"压缩"这个词，是因为资本主义的历史特征，主要是由生活节奏的加速来表征，然而如此克服空间障碍，就会使世界有时候看起来是向我们内部崩塌。[2]

● 另一个让人困惑之处在于，尽管"全球化"紧紧包围着我们，而且研究它的专著汗牛充栋，但所谓"全球化"这种东西，又如同海市蜃楼般的幻象，让人看得见而抓不住。英国学者斯图尔特（Jan Aart Scholte）指出，"全球化"更像一个口号性的用语："'全球话语'变得尽人皆知，只不过是最近的事情。几个世纪以前，人们相信地球是圆的之后，就开始

1　张苏："经济全球化：良性的规则何以可能？"，载《经济学家》2005 年第 1 期。
2　David Harvey, *The Condition of Postmodernity: An Enquiry into the Origins of Cultural Change*, Blackwell，1990，p.240.

用'global'这个词表示'地球'（the planet）。不过，在大众英语说法中，'global'这个形容词除了它原来的'球体的'这个意思之外，直到19世纪90年代才开始表示'全世界的'（OED，1989：VI，582），50年后，'全球化'及'全球主义'等词语出现在一篇发表的论文中（Reiser and Davies），'全球化'一词第一次出现在词典（美式英语词典）中是在1961年（Webster，1961：965）。"[1] 或许正因为这样，当大家争着去填充这个"能指"的时候，"全球化"一语的所指就难免言人人殊了。简单说来，各国学者围绕着"全球化"的问题，几乎对每件事都没有共识，对任何侧面都有不同意见，而各方还都既能讲得振振有词，又会争得面红耳赤。正如齐格蒙特·鲍曼（Zygmunt Bauman）曾经指出的："'全球化'挂在每个人的嘴边；这个风靡一时的字眼如今已迅速成为一个陈词滥调，一句神奇的口头禅，一把意在打开通向现在与未来一切奥秘的钥匙。对某些人而言，'全球化'是幸福的源泉，对另一些人来说，'全球化'是悲惨的祸根。"[2]

1　［英］简·阿特·斯图尔特：《解析全球化》，王艳莉译，长春：吉林人民出版社，2011年，第45页。
2　［英］齐格蒙特·鲍曼：《全球化：人类的后果》，郭国良、徐建华译，"绪论"，北京：商务印书馆，2001年，第1页。

● 比如，轰动一时的《帝国》（*Empire*）一书曾经认为，在全球化时代，民族国家的主权已经式微："通向帝国之路出现在现代帝国主义的衰落之时。与帝国主义相比，帝国不建立权力的中心，不依赖固定的疆界和界限，它是一个**无中心、无疆界**的统治机器。在其开放的、扩展的边界当中，这一统治机器不断加强对整个全球领域的统合。帝国通过指挥的调节网络管理着混合的身份、富有弹性的等级制和多元的交流。帝国主义的世界地图明显的民族—国家色彩，已经被合并、混合在帝国全球的彩虹中。"[1] 然而另一方面，美国社会科学协会主席克雷格·卡洪（Craig Calhoun）又在《中国学术》杂志上撰文指出，20 世纪 90 年代盛行的全球化设想，一反在此之前对于认同政治或群体凝聚力的宣传，转而去鼓吹全球社会对于地方问题的人道主义干预，并且盛赞混合、多元和重叠的政治身份；可是，很少有人反过来注意到，当前民族国家间的普遍斗争，倒正是少数几种反抗资本主义全球化的可行方式之一。[2]

1　［美］麦克尔·哈特、［意］安东尼奥·耐格里：《帝国：全球化的政治秩序》，杨建国、范一亭译，"序言"（余江涛译），南京：江苏人民出版社，2008 年，第 2—3 页。
2　参见［美］克雷格·卡洪："后民族时代来到了吗？"，见《中国学术》第二十一辑，北京：商务印书馆，2006 年。

　　　　　　　　　　　　　　再造传统：带着警觉加入全球

◎ 内格里和哈特似乎夸大了全球化网络社会的范围（卡斯特也是如此）。政府仍然管制国内贸易，并因在国内使用刺激措施而取得了具体的成果。我们经常把环境问题归咎于全球化，事实上，这是政府政策的后果，比如巴西政府资助伐木公司（Gilpin，2002）。不存在所谓的全球劳动力市场，因为富裕国家对移民有着严格的限制。作为公民，天生就有权利和义务呆在国家的领土范围之内，一些国家一直在保持着令人羡慕的福利方案。前世界银行首席经济学家斯蒂格利茨，对其在国际组织见到的伪善的自由贸易提出了尖刻的批评。他说，美国人说自己支持自由贸易，但却反对进口（2002）。换句话说，没有理由相信全球性网络社会无所不在和无所不能。[1]

● 《纽约时报》上最具影响力的专栏作家托马斯·弗里德曼（Thomas L. Friedman），撰写了有名的《世界是平的》（*The World Is Flat*）一书，以高超的技巧和乐观的态度，为读者描绘了全球化为世界带来的"扁平化"。[2]——他具体列举了十辆推平世界的推土机，从视窗开启到网景上市，从工作流软

---

1 ［挪威］托马斯·许兰德·埃里克森：《全球化的关键概念》，周云水等译，南京：译林出版社，2012年，第86—87页。

2 参见此书中译本《世界是平的：21世纪简史》，何帆等译，长沙：湖南科学技术出版社，2008年，第3版。

件到资源开放，从外包到离岸生产，从供应链到内包，从信息搜寻到轻科技"类固醇"，而凡此种种，又都跟信息与通信技术有关。弗里德曼据此认为，在这个因信息技术而密切互联的世界，由于全球的市场、劳力和产品都可以普遍共享，就都可能以最高的效率和最低的成本来实现。由此，在这种普遍的竞争环境中，一个"扁平化"的世界经济，对于所有人都将是一件好事；在这个意义上，由信息技术所带来的经济全球化，尤其会使发展中国家从中获益。

● 然而，任教于哈佛大学的政治学家斯坦利·霍夫曼（Stanley Hoffmann）却从另一方面指出，虽然不能否定全球化的好处，但必须反对靠不住的弗里德曼式的乐观主义，切莫以为它已在势如破竹地行进。这是因为，第一，这种全球化的倾向既非不可避免，也非不可抗拒，它既然源自美国的强大经济影响，也就会由于美国的经济危机而退潮；第二，所谓全球化运动还远远没有真正全球化，它所触及的地区还相当有限，还受制于各国的具体条件和边界，还远未达到在市场、服务和生产方面的一体化；第三，超地域和后主权的治理还只是刚刚萌芽，非政府组织的代表性也还相当有限；第四，与此同时，一些超国家治理的组织，又往往反映了少数国家的意志，其领导权往往是被垄断的，其操作往往是不透明的，其裁定也

再造传统：带着警觉加入全球

往往是不公平的；第五，实际上，全球化只不过是各种技术手段的总和，这些手段又可以为各种国家和个人所利用，由此导致的带有各种偏向的行为，与启蒙运动所构想的那个科学、理性的世界，形成了巨大的偏离与落差。[1]

● 综合来说，首先，就共同卷入而言，诚如齐格蒙特·鲍曼所说："对每个人来说，'全球化'是世界不可逃脱的命运，是无法逆转的过程。它也是以同样程度和同样方式影响我们所有人的一个过程。我们所有的人都在被'全球化'——而对被'全球化'的人来说，被'全球化'的意义大体上是相同的。"[2] 其次，在客观事实方面，却如罗兰·罗伯逊（Roland Robertson）所说："关于全球联系的总体计算是高度概括的，绝不意味着地球上的每一个地方、每一个人都平等地全球化了。相反，不同地方全球化的程度是不同的，尽管全球现象现已在某种程度上影响到每一个地方和每一个人。比如，地球上几乎没有人能够完全逃避全球气候变化的影响。然而，全球事务对一些地理区域和一些社会群体的影响总要大于对另一些区域和群体的影响……简言之，虽然全球联系遍及整

1　参见［美］斯坦利·霍夫曼："全球化的冲突"（刘慧华译），载《世界经济与政治》2003 年第 4 期。
2　［英］齐格蒙特·鲍曼：《全球化：人类的后果》，第 1 页。

个世界，但其覆盖在地理上和社会上却不均衡。"¹最后，进而在主观认识方面，也如斯图尔特所说："我们对全球化进程的理解范围还很窄，仅限于重要方面。而且，全球化论争的水平通常令人失望。许多讨论的措辞听起来都像是名言警句。许多观点要么过于武断，要么过于泛泛。政治偏见通常对人们有巨大影响，以至于他们只顾发表自己的意见，却不太肯倾听别人的观点。绝大多数论述缺乏审慎、准确、前后一贯的概念。争论的范围狭窄，讨论通常只侧重于某一方面（文化、生态、经济、历史、法律或政治方面），却没有把这些内容放在一起讨论。"²

◎ 应当用什么词语来描述我们将要论证的主题？这个词语当然不是"全球化"。"全球化"这个词语一度用来表示一种市场战略，随后又用来表示一种宏观经济的主题，现在，它似乎囊括了所有的事物，也可以说，它什么都没有囊括……³

---

1 《全球化百科全书》，第 2 页。
2 ［英］简·阿特·斯图尔特：《解析全球化》，第 41 页。
3 ［美］奎迈·安东尼·阿皮亚：《世界主义：陌生人世界里的道德规范》，苗华建译，"序言"，北京：中央编译出版社，2012 年，第 3—4 页。

再造传统：带着警觉加入全球

● 那么，到底怎么来看待这件事呢？我个人认为，这种混乱的知识状况，正说明全球化尚在过程中。在这个意义上，恰如大卫·赫尔德（David Held）等人在《全球大转型》（*Global Transformations: Politics, Economics and Culture*）中所指出的，全球化可被精确地定义为"体现社会关系和贸易在空间组织上的转型（用它们的扩展范围、强度、速度和影响来评价）并产生跨陆、跨地区的流动和活动、相互影响和权力行使网络的一个（或一组）过程"[1]。而由此才可以想见，一方面，正因为它确是一个过程，所以，最早敏感到此一过程的人，就基于英语中 global（全球的）这个词根，创造出了 globalization（全球化）这个新词，借以摹状、界定和宣传这种趋势；但另一方面，也因为这还只是个过程，所以，它的发展就没有那么均衡，而且无论是哪种新颖的苗头，都仍然有与之相反的倾向纷乱复杂地掺杂其间。换句话说，一方面，这个过程已给人类知识带来了确定的冲击，甚至可以这么说，像《全球化百科全书》这种图书的编纂，足以说明它已经为以往的知识，重新洗过一次牌，打了一个结，或升了一次级；但另一方面，"globalization"一词的全部意思应是各种不同义项的叠

---

1 转引自褚松燕："评赫尔德等：《全球大转型：政治、经济和文化》"，见《中国学术》第四辑，北京：商务印书馆，2000 年。

加，可以同时用来指称"国际化"、"自由化"、"世界化"、"西化"和"超地域化"。

● 以往，学者们面对上述纷乱情况，常会利用排除法来去粗取精。然而我的处理方法却截然不同，因为本人一向认为，如想摹状一个尚且处在过程中的状态，那么，面对各种解释纷然杂陈的乱局，最好利用同等复杂的思维方式，把围绕某一词语的各种义项进行叠加，乃至在历史的发生过程中，进一步寻绎出各义项间的来龙去脉，以便综合起来，而不是非此即彼地对它们进行阐释与应用。这种并列语义而寻找脉络的方法，是我以前自行摸索着多次试用的，比如，我曾用它处理过古代汉语中的"天"字，也曾用它处理过现代汉语中的"国学"一词。尽管我尚未给这种方法想定一个名字，但无论如何，关键的区别却明摆在那里：如果别人是老想用严酷的逻辑，去清洗语词的日常用法，我却宁愿以宽大包容的姿态，从混乱中看出文化史的脉络来，也看出语言在实用中的潜在理由来。

———————————

◎ 我的这种方法，应当和雷蒙·威廉斯《关键词》的方法不同，因为后者的主旨在于透过概念的关节点，来管窥文化共同体的深度发展；而我则反其道而行之，想要假道于文明的曲折进程，去丰富地把握

　　　　　　　　再造传统：带着警觉加入全球

一个词的综合含义。此外，我的这种方法，应当也和《高级牛津英语词典》的做法不同，因为后者只是在进行简单枚举，那些被突兀并列出来的各种词义，好像仅仅是在相互证明着对方的荒谬，或者对方的不可思议，却并没有显出文化发展的脉络，哪怕那历程是偶然和曲折的；而我则想要从那些并列的荒谬中，看出某种人类文化的逻辑，从而在深度的理解中，把这些义项给贯穿起来。[1]

● 也许所见略同的是，由罗伯逊和肖尔特主编的《全球化百科全书》，看来运用了类似的方法：他们认为"全球化"这个概念，可以细分为"国际化"、"自由化"、"普遍化"和"星球化"，而由于所有上述四个概念，都指称着对于现有民族—国家框架的超越，它们彼此间就可以重叠与互补。尽管作为一位中国学者，我对他们的这种界定尚持一定的保留，——他们大概是由于身处西方，不太敏感全球化中的"西化"侧面，但无论如何，我赞同他们的基本方法，也即当人们运用"全球化"这个术语的时候，有可能就是同时利用它的多重含义，而又有可能暗中对其中的某一侧面给予了更多的，或者并未自觉到的偏重与强调；正因为这样，当我们倾听有关"全球化"的言说时，就应当仔细地辨析其中的微妙区别，进而向其言说者挑明它。

1 刘东：《与何怀论学书》，未刊手稿。

◎ 当全球化指**国际化**时，它指涉的是交易的增长和国家间的相互联系。沿着这些路线，"全球的"概念或多或少地等同于"国际的"（国家之间）和"跨国的"（跨越国家）。在这种设想之下，一个全球化的局势牵涉跨越国家界限的不断流动。在这种宽泛的理解中，衡量全球化的是更大规模的国际间（即跨越边界）的物、观念、投资、信息、微生物、金钱、人及污染物的流动。国家间贸易数量、范围和频率的增长也说明一个地区性的时间和条件会日益影响另一地区的状况。因此，在这一研究方法中，全球化强调更大的国家间的相互依赖。

◎ 一个更为具体的国际化观念将全球化界定为**自由化**。从这一在 20 世纪 90 年代的经济学家中十分盛行的视角来看，全球化是指消除对国家间跨边界流动的官方限制的规定。换句话说，在国家权威部门减少或消除贸易障碍、对外交换限制、资本控制、国际广播与计算机网络的通讯阻碍及签证要求等措施时，国际交易就会增长，这样全球化就指"开放的"、"自由的"国际市场的产生。

◎ 将全球化看作**普遍化**的第三种用法描述一个过程，其中越来越多的事物与经验播散给地球所有居住地上的人们。按照这第三种理解，全球指的是"世界范围的"、"所有地方"。例如当代社会正经历电

　　　　　　　　　　再造传统：带着警觉加入全球

视台、养牛业、艾滋病、现代性、雷格舞、寿司吧等的全球化，因为这些及无数其他传播到人类的现象正在全球范围内分散。将全球化解释为普遍化的观念经常产生的假设是：一个更加全球性的世界在本质上是文化上倾向于同质的世界。这种论述经常将全球化描述为"西方化"、"美国化"和"麦当劳化"，而其他的观点将全球化解释为具有多种竞争的普遍化倾向的局势。一些学者以这种方式将全球化的特征描述为"文明的冲突"。

◎ 最后在第四种定义中，**星球化**的概念将全球化描述为在地球这个整体的层面上展露社会关系的一种倾向。在这种方法中，无论居住在哪里，当人们越来越能够彼此直接联系，全球化就产生了。例如，电话和因特网使横穿星球的通讯成为可能；大陆间弹道导弹促成了贯穿星球的军事联系；气候变化包含横穿星球的生态联系；美元和欧元等货币成为全球性的货币；"人权"和"宇宙飞船地球"的话语深化了横跨星球的意识。这些增长与许多其他横跨星球的联系形成了对社会地理学的重组，以便让"社会"既在全球的平台上又在区域性地带、国家范围及地方领域得以存在。这样，随着全球化的发展，星球自身成为一个社会场所，大于领土空间并与之不同。实际上由于星球的社会关系比领土地盘、领土距离和疆界更多地由地方、国家和区域性的框架来定义，一些分析学家把跨星球的全球化与去解域化进程联系在一起。[1]

● 尽管人们在日常语言中，往往将上述几重义项叠加并用，然而这并不意味着，这几重定义的重要性在当今语境中就是自动相等的。按照罗伯逊和肖尔特的说法，"全球化的前两个含义（国际化与自由化）在国家领地间根据社会关系的方式而形成"，而"后两种含义则是在全球的范围内形成的"。所以，尽管上述四重定义都涉及对于民族—国家的超越，但"前两种含义仍然将国家单位作为它们主要的参照点"，而后两种含义则"将地理上的坐标方格从领土性的框架转向星球的框架"。由此可以想到，尽管前边谈及的多重义项，在把握全球化的时候都是不可偏废的，然而，**唯有"星球化"的这一重义项，才强调了人类横跨星球的空前联系，才构成了某种新型的知识范式。**

● 总而言之，全球化还处在过程中，还介乎方生方成中。一方面，无论如何，正因为该过程已经发展到了某个临界点，显出了一种确定不移又日益加速的趋势，人们对它的认识，才会从**西方化、国际化、世界化**，转而发展到了**普遍化、全球**

1 《全球化百科全书》，第304—305 页。

　　　　　　　　　　　　再造传统：带着警觉加入全球

化，甚至**星球化**，而且特别强调后者的"社会—地理"性质。可另一方面，必须时刻保持清醒，这种趋势毕竟是人类社会的趋势，要由人类这种主体来历史性地接力完成；由此，它就不会像以往所臆想的那样，竟会是"不以人的意志"为转移的。——这也就意味着，这个过程能否最终完成，以及到底朝什么方向完成，除了其他的决定因素之外，还要取决于一代代人类成员的主动选择，其中也可能包括扭转式的转折。

第二章　全球文化与文化全球

● 所谓"文化"一词，同样裹挟了从狭到广的不同义项。而现代汉语中所说的"文化部"一词中的"文化"，则只是利用了其中最狭窄的一种含义，指称人类精神财富中的一小部分，也即通常所说的"文学艺术"。——而有趣的是，它虽然名曰"文化部"，却不能指导作为人类文化的宗教事务，因为那属于宗教局的统辖范围；也不能指导作为人类文化的科学技术，因为那属于科技部的统辖范围；还不能指导作为人类文化的人文学术，因为那属于社科院的统辖范围……这种对于"文化"的理解，如果就学术而言是最靠不住的，不过，它在当前偏又是最普遍流行的，以致只要不是特别予以说明，人们对于"文化"的理解就总会向它偏斜。——当然，要是对这种现象进行历史挖掘，可以发现其中很可能渗入了日、俄的影响；不过，如果按照后期维特根斯坦的看法，语言游戏本身的这种随机漂移，却又总是这般将错就错，无可无不可的。

● 碰巧的是，这也为我们带来一点论述方便。因为，索性就在"文化"之最狭窄的含义上，也就是"文学艺术"的含义上，从头回顾人类对于"全球文化"的憧憬。众所周知，歌德曾在 19 世纪 20 年代，率先提出了著名的"世界文学"的概念。他在跟艾克曼（Johann Peter Eckermann）的系列谈话中指出，"我相信，一种世界文学正在形成，所有的民族都对此表示欢迎，并且都迈出了令人高兴的步子。在这里德国可以而且应该大有作为，它将在这伟大的聚会中扮演美好的角色。"[1] 这位德国大文豪还在另一处说道，"现在，民族文学已经不是十分重要，世界文学的时代已经开始，每个人都必须为加速这一时代而努力"[2]。回顾起来，尽管"世界文学"这个被歌德突兀提出的"能指"，直到现在都还不免显得空泛，然而它一直都作为真实的愿景，激发着我们对于"后民族文学"的想象；而且，它也一直都作为亟待填充的范畴，等待后人以

---

1 《歌德文集》，第 10 卷，范大灿等译，北京：人民文学出版社，1999 年，第 409 页。
2 同上。

具体的、带有确定指向的实践，赋予它越来越充实的含义。

● 如果早在歌德的年代，就有人在憧憬着世界文学，或全球文化，那么，到了全球化已成为现实的今天，它自然更要引申为"文化的全球化"，或者"全球化的文化"了。尽管在刚开始的时候，国际流行的现代化理论首先涉及的，还只是一些硬性的或者可以客观衡量的指标，比如收入、财富、教育、职业等，然而到了美国社会学家罗兰·罗伯逊那里，却把它引向了软性的或者只能主观解释的方面——也就是文化的方面。罗伯逊认为，全球化问题并不是单纯的经济、政治、社会或国际关系问题，反而首先就表现为文化问题，而这又是因为，作为一个整体的全球领域，首先就表现为一个社会文化系统。为了把握这样的系统，罗伯逊更建议使用"全球场"（global field）的模型，这个模型由下述四个参照点所组成，即民族国家社会、各社会组成的世界体系、自我和全人类。

● 由此就不能再拘泥于"文化"的最狭语义了。即使不动用"文化"一词的最广含义，将其视作涉及人类物质与精神财富的总和，以及足以帮助人类超出自然与动物界的全部生存方式，而只是在一个较窄的意义上使用，也至少要把它视作人类全部精神财富的总和。作为通识的学术简史告诉我们，最早是由英国人类学家泰勒（Edward B. Tylor）1877 年在《原始文化》（*Primitive Culture*）中，率先提出了这种有关"精神文化"的较窄定义，认为它是"包括全部的知识、信仰、艺术、道德、法律、风俗以及作为社会成员的人所掌握和接受的任何其他的才能和习惯的复合体"[1]。而根据我国社会学家苏国勋的解说，"在这个界定中，文化被视为一个多层次、多面向的复合体。概括说来，它可包括知识、信仰一类的思想信念（beliefs）；艺术、法律（文本）一类的表意符号（symbols）；和习俗、道德一类的规范（norms）。"[2]

◎ 文化在狭义上指人们赋予生活意义的方式。具体地讲，它包括人类相互学习的许多种符号，其中有社群共有的知识、口味和价值观。因此，全球化也必然涉及到文化。当人们在地区之间迁移，与遥远的合作伙伴进行贸易，或者同来自远方的他者进行交流时，信息和观念也随之流动。至少全球化包括一些文化传播。……文化全球化在体育、商业、宗教、语言以及饮食等领域以多种形式呈现出来。比方说，19 世纪起源于英国的足球运动在全世界流行开来，成为典型的最受人们喜爱的全球性运动和比赛，而且也是专业竞赛的一

1　[英] 泰勒：《原始文化》，连树声译，上海：上海文艺出版社，1992 年，第 1 页。
2　苏国勋等：《全球化：文化冲突与共生》，北京：社会科学文献出版社，2006 年，第 3 页。

个目标。这种普及需要在参与运动时以及在组织国际比赛中传播共同遵守的规则。受到共同愿望和价值观念的约束，运动员和球迷们开始意识到参加全球活动的必要性，而世界杯这类赛事则加强了这种意识。[1]

● 除了"全球场"这样的概念，加拿大的传播学家麦克卢汉（Herbert Marshall McLuhan），在他的名作《理解媒介》（*Understanding Media*）中，又提出了"地球村"（global village）的概念，这同样有助于我们理解文化的全球化。不难想象，麦克卢汉利用的"村落"之喻，当然是在借用以往乡村生活的场景，那里曾是人类相互熟悉、亲密交流、彼此介入的场所。在这位乐观的传播学家看来，如果现代迅捷交通的发明，曾使得地球的空间逐渐变小，也曾使得直接的口语交往变得可能，那么，当代电子媒介的发明，则又使人们反而回到了间接文字交往，甚至干脆使得时空区别变得多余，因为人们无论居住在地球上的什么地方，都能共享到具有普世性的信息，由此，供我们居住的这个星球，整个就融成了以往那种融洽的村落。[2]

1　《全球化百科全书》，第 145—146 页。
2　参见［加拿大］麦克卢汉：《理解媒介：论人的延伸》，何道宽译，北京：商务印书馆，2000 年。

● 不过，正如全球化的其他方面一样，实则这个"地球村"的形势也未必一片光明。早在十五年前，我本人就曾经撰文指出，一方面，在这个互联网高速公路的时代，也许人际的距离将会空前缩短，因为他们势必要展开跨度更大和频率更高的对话，从而有更多的机会交流意见与情感；但另一方面，必须警惕的是，真正的沟通反而有可能比过去更加困难，因为以前习惯于聚居生活的人们，现在反倒会更加有恃无恐、放心大胆地离群索居，不在乎是否有缘当面恳谈，而他们表面上赖以交往的网络，不过是把人际对话中的"我—你关系"，偷换成了人机对话中的"我—他关系"而已。[1]

● 全球化这枚"硬币"的两面，还可以从另一维度中看出。正如两位法国学者写到的，"具有各种自发的电子讨论形式（以虚拟群体、聊天和博客的形式）的全球公共空间有一种生机勃勃的民主性质。会话艺术有一种新的相关性，也为扩散到社会各个角落的观念、信息和意象提供新语境的对话建构形成新的相关性。"[2] 毋庸讳言，这正是我们每天都在重复看到的、最令当今的社会管理者们忧心忡忡的情景。正是电子传播的

1　刘东："应对网络社会的挑战"，见《浮世绘》，沈阳：辽宁教育出版社，1996年，第219页。
2　《全球化百科全书》，第316页。

　　　　　　　　　　　　再造传统：带着警觉加入全球

虚拟化、大众化和迅捷化，导致了对于社会透明度的更高要求。而事实上，由此带来的民主化要求，并不只是特定地针对哪种国家，从阿拉伯世界的茉莉花革命，到伦敦街头的突发暴乱，其背后都有互联网信息快速流通的成因。

———————

◎ 多亏有了电视，全世界一夜之间发现有个叫做卢旺达的国家，那里的人民正在遭受难以置信的痛苦；多亏有了电视，它使我们有可能向那些受苦的人提供至少一点儿帮助；多亏有了电视，全世界在数秒之内就被发生于俄克拉何玛城的大爆炸所震惊，同时明白，那是对所有人的一次重大警告；多亏有了电视，全世界都知道有一个获得国际承认的波斯尼亚—黑塞哥维那的国家，并知道从世界承认这个国家的那一刻开始，国际社会就在徒劳地试图按照一些从未被任何人承认为任何人的合法代表的军阀们的意愿，将这个国家分裂成一些奇形怪状的小国。

◎ 这是当今大众传播，或者说，那些采集新闻的人的神奇的一面。人类感谢那些勇敢的记者，他们甘愿冒着生命危险去那些有悲剧发生的地方，以唤醒世界的良心。[1]

1 ［捷克］哈维尔："全球文明、多元文化、大众传播与人类前途"（黄灿然译），参见 http://www.21ccom.net/articles/sxpl/sx/article_2011012228627_2.html。

◎ 我们最清晰的调查结果之一是，巴西电视启蒙了对社会问题，尤其是关于性和性别角色的自由主义观念。更爱看电视的观众观念更自由，其程度令人惊讶——在诸如家庭是否是女人的归属；如果丈夫收入丰厚，妻子是否应该工作；怀孕时是否应该工作；是否应该离开她们不再爱的丈夫，去酒吧追寻她们喜欢的男人；男人是否应该做饭、洗衣服；父母是否该和他们的孩子们谈论性，这些问题上的选择不似传统……我们发现，自由主义社会观点和当前收看电视的小时数之间有着显著联系。[1]

● 又如我十五年前已说过的，互联网这种"反权力"和"民主化"的特征，也并不是压倒性的或本质性的，无论对于个人还是对于国家。一方面，就单个个体的遭遇而言，正因为互联网的这种"民主化"性质，反倒会刺激得当局大生戒心，社会控制有时反倒会更加严密，因为后者显然有更大的权威和资源，能够无形地散播（或过滤）对于正统意识形态有益（或无益）的信息，从而使人们更易受到官方话语的疏导和包围。另一方面，就国家政权的遭遇而言，也正因为互联网的

1 ［美］康拉德·科塔克：《远逝的天堂：一个巴西小社区的全球化》，张经纬等译，北京：北京大学出版社，2012 年，第 208—209 页。

　　　　　　　　　　　　　　　　再造传统：带着警觉加入全球

"全能化"性质，各国之间反而有可能贫者愈贫，因为能从互联网上轻易获得的，总是不再需要加密的过时信息，甚至是故意制造出来混淆视听的信息，所以如果受其误导而亦步亦趋，只会让发展中国家永远处于"发展中"。

◎ 电视也有其不那么神奇的另一面，即它仅仅陶醉于世界的各种恐怖事件中，或无可饶恕地使这些恐怖事件变成老生常谈，或迫使政治家首先变成电视明星。但是哪里有谁白纸黑字地写明，某个人在电视上表现出色，就意味着他政绩骄人？我不能不震惊于电视导演和编辑怎么摆布我；震惊于我的公众形象怎样更多地依赖于他们而不是依赖于我自己；震惊于在电视上得体地微笑或选择一条合适的领带是多么重要；震惊于电视怎样强迫我以调侃、口号或恰到好处的尖刻，来尽量贫乏地表达我的思想；震惊于我的电视形象可以多么轻易地被弄得与我的真人似乎风牛马不相及。我对此感到震惊，同时担忧它不会有什么用处。我认识一些只懂得以电视摄影机的方式来看自己的政治家。电视就是这样剥夺他们的个性，使他们变成有点像他们以前的自己所制造的电视影子。我有时候甚至怀疑他们睡觉的姿态是不是也像电视里那样像模像样。[1]

---

1 ［捷克］哈维尔："全球文明、多元文化、大众传播与人类前途"。

● 由此可知，并非与歌德当年的憧憬完全合拍，当"文化全球化"真正到来的时候，它带给我们的印象也绝不是一片光明。相反，从葛兰西到法农，从赫伯特·席勒到萨义德，都展开了对于"文化帝国主义"的批判。那么，什么是这种"文化上"的"帝国主义"呢？看来看去，还是一位叫做苏利文的西方学者说得干脆明快——"指的是来自发达国家、包含着与支配者利益相关的文化价值或观点的商品、时尚或生活方式等流向发展中国家市场，创造出某些特定的需求或消费形态，而发展中国家的民族文化在不同程度上受到外国（主要是西方）文化的侵害、取代或挑战，受支配程度越来越高的状况"[1]。

◎ 当全球化这个字眼首次被使用时，是在 20 世纪 80 年代左右。对某些人来说，它只不过是描述文化帝国主义发展和扩张的一种新方式罢了。然而，在经过更多的仔细分析之后，人们发现事实并非如此。全球化是一个比较复杂的、多角度的、具有深层文化因素的现象。文化帝国主义的概念仍然与文化层面的全球化概念紧紧地联系在一起。文化帝国主义的主要意思很简单，但在表面上有一种压迫感。庞大的、占主导地位的、在经济上发达的强势文化常趋向于以

1　转引自郭庆光：《传播学教程》，北京：中国人民大学出版社，1999 年，第 253 页。

　　　　　　再造传统：带着警觉加入全球

一种殖民的方式推广和散布它们的文化产品、习俗以及价值观，最终造成了对较小的、经济上较弱和处于弱势的文化的压制。[1]

● 正如前文所述，围绕着"全球化"这个复杂的对象，无论从哪个侧面看去，都能得到截然不同的看法。比如，又有一位来自美国的大学教授，表现为"全球化"的有力申辩者："美国是一个移民国家，移民在每年的劳动力增加中占有很高的比例。多种族共存被人们广为接受，近年来多重文化也自然形成。我在哥伦比亚大学的课堂上，很难发现一个真正的'本土'美国人，即一个从出生就是美国居民的学生；大学教师也来自于全世界各个国家。这促使了美国对各种文化的开放。印度的音乐、中国的针灸以及许多其他文化，在美国的万花筒般的氛围中自得其乐。这些文化进口组合在一起，构成了美国不断扩张的组合文化。但美国并不把这些文化视为是一种威胁。"[2]

● 不光是来自第一世界的学者，来自拉丁美洲的小说名家马里奥·巴尔加斯·略萨（Mario Vargas Llosa），也旗帜鲜明地为

1 《全球化百科全书》，第 149 页。
2 ［美］贾格迪什·巴格沃蒂:《捍卫全球化》，海闻等译，北京:中国人民大学出版社，2008 年，第 221 页。

全球化辩护。一方面，他不无悲伤地回顾说："我们将要生活的新世纪比起二十世纪来说可能更少独特性，也更少本土色彩。过去曾经赋予人类各民族和种族多样性的节日、服饰、习俗、仪式、典礼、信仰正在趋于消失，或者被局限在很少地方，而很多社会则抛弃了这些东西，采用了其他更适应于我们的生活的时代的东西。"然而另一方面，他又较为乐观地展望："与此同时，它也提供了种种机遇，使一个社会向型构为一个整体迈出重要的一步。正因为此，当人们拥有可以自由选择的机会的时候，有时会毫不迟疑地选择他们的领导人和知识分子中的传统主义者正好反对的东西，即选择现代化。"[1]

◎ 民族文化经常是用血与火铸就的，禁止教授和出版一切方言，也禁止遵循一切与民族国家视为理想的宗教、习俗有所不同的宗教习俗。世界上很多民族国家就是通过这种途径，强制性地把一种主流文化强加于本土文化，本土文化受到压制，从而无法公开地表现出来。而与那些担心全球化的人们的警告相反，全球化并不容易彻底地消灭文化，一种文化，只要它的背后有丰富的传统和足够的人们哪怕

1 ［秘鲁］略萨："全球化：文化的解放"。

再造传统：带着警觉加入全球

是秘密地遵行，那么这种文化即使很小，也不可能被消灭。今天正是由于民族国家的弱化，我们正在看到那些曾经被遗忘的、边缘化、曾经被迫沉默的地方文化又复苏了，在这个全球化的星球上壮阔的交响乐中表现出了富有活力的生命迹象。[1]

● 此外，在上述两种极端观点之间，也存在着较为折中的看法。比如，泰勒·考恩（Tylor Cowen）在《创造性破坏》（*Creative Destruction*）中，就提出了所谓"多样性的悖论"。作者一方面承认，当代世界的气质非常有利于多样化的发展，为抽象艺术、流行音乐、爵士乐、当代古典音乐、电影、诗歌、建筑等提供了广泛的舞台；但另一方面，他也看到了某种吊诡的悖论，即在一个特定社会不断增加的选择菜单，反有可能限制整个世界的选择菜单，由此随着商业主义的渐次传播，远离西方经验的社会反会越来越少。作者针对这一点辩证地写道："可能存在反直觉的'多样性的悖论'：如果众多社会拒绝多样性，作为整体的世界也许会变得更为多样化。他们的文化局外人身份能够促使他们不断出产具有高度独特性的作品。多样性的悖论可用于某些但并非所有的社会变化。……然而，当这个悖论成立的时候，过多的跨文化接触就会造成全球选

---

1 ［秘鲁］略萨："全球化：文化的解放"。

择菜单的萎缩。"[1]

● 正因为看到其利弊两面，考恩尽管承认全球化的破坏作用，但他又提出了一个积极的命题，即所谓的"创造性破坏"。在他看来，尽管"创造性破坏"带来了传统文化的损失，然而这种跨文化的交流并不是什么致命的东西，倒是世界文化发展的常态，所以反有可能成为大发展的契机："从长时段的角度最可看出同质化与异质化的共同变化。自人类发展伊始，就已经出现了各种各样的音乐和艺术。在这个过程中，不断扩大的市场交易规模支持而非束缚了创造性成就的日益多样性。……认为全球化破坏了文化多样性，这一说法其实预设了一个集体主义的多样性概念。它是在对一个社会与另一个社会，或一个国家与另一个国家进行比较，而不是比较一个人与另一个人。它还预设了多样性一定是以不同地理空间的文化差异形式出现的，而且肉眼应该能观察到这种差异。"[2]

● 很可能，上述那类乐观看法还是太过黑格尔主义了，因为我们如今已不敢指望，还能有一位造物主（或者"宇宙精神"）能

---

1 〔美〕泰勒·考恩：《创造性破坏：全球化与文化多样性》，王志毅译，上海：上海人民出版社，2007年，第155页。
2 同上书，第140—141页。

再造传统：带着警觉加入全球

像奶妈那样，既有耐心同时倾听六十多亿个孩子的不同哭诉，又有能力无微不至地护佑和监督他们。不过，至少在一个问题上，我们还是可以同意考恩的看法，那就是必须敞开发展的路径，敞开历史的可能，敞开主体的选择，而不要把全球化的未来给看死了。在这个意义上，我个人一向主张，不管传统文化命当如何，眼下都不要看死了它，不要把它当作气息奄奄的、只配受到保护和进行展览的熊猫，而要让它跟生猛的当代文化去厮混，去摸爬滚打，以获得跟世界并长争高的生命力；否则，这种文化便从一开始就已死亡了。约翰·诺尔贝格（Johan Norberg）曾在他的《为全球化申辩》(*In Defense of Global Capitalism*) 一书中，引用过人类学家埃里克森（Erik H. Erikson）的一段话："一旦政府成为民众的文化认同的保护者，文化就会受到限制，会用官僚的僵硬的官腔固定下来。它就不再是活生生的、动态的、可以变化的、发展的，而会成为一个包裹，成为一个拼好了的七巧板，不能从中间拿走任何一块，否则就会变样。"[1] 此中的道理，很适于用来反思我们的"国宝"，从京戏、胡同一直到熊猫；同样地，这段话也很适合日本人用来反思他们的"国宝"，从能剧、和服一直到相扑。

---

1 [瑞典] 约翰·诺尔贝格：《为全球化申辩》，姚中秋、陈海威译，北京：社会科学文献出版社，2008年，第243页。

◎ 文化的变化，其实没有什么新东西，不过就是彼此碰撞，互相影响而已。文化一直就是这样变化的。文化意味着培育，变化和更新是其内在的组成部分。假如我们试图将文化模式凝固在某一时间，将其视为独特的美国或泰国或法国或瑞典或巴西或尼日利亚的，它们也就不再是文化了。它们就不再是我们生活的活生生的组成部分，相反，将成为博物馆里的收藏品和民俗。博物馆并没有什么错，它们是消磨一个下午的好地方，但我们不可能生活在那里。[1]

◎ 在新兴的后民族秩序中，美国可以有一个特别的位置，而且无需依赖孤立主义或全球霸权作为其可能的基础。合众国非常适合成为一种文化实验室和自由贸易区，为这一围绕流离多样性组织起来的世界生产、交流、进口和试验各种素材。在某种意义上来说，此类实验已经在进行了。在世界其他地方的眼里，合众国已经成为一个巨大的、令人眼花缭乱的旧货甩卖场。它为日本人提供高尔夫假期和房地产；为欧洲和印度提供商业管理的意识形态和技术；为巴西和中东提供肥皂剧灵感；为南斯拉夫提供首相；为波兰、俄国和任何敢试的国家提供供给学派经济学（supply-side economics）；为

1　[瑞典]约翰·诺尔贝格：《为全球化申辩》，第 243 页。

　　　　　　　　　　　　　　再造传统：带着警觉加入全球

韩国提供基督教基要主义；为香港提供后现代风格的建筑。[1]

● 只有在活生生的、彼此渗透的文化对接中，才有可能在杂糅和嫁接的基础上，产生出作为"文化间性"的新型文化，从而引领人们走出当前的困境。我向来都坚定地认为，如果从短时段来看，文化间的交流与对话，从来都不会绝对平衡与均等，甚至还会表现为"血与火"的话，那么，从长时段来看，这种跨文化的交流与对话，却不必然表现为压制与灭绝，反而有可能表现为融合与跃升。不消说，这自然也是因为，那些熬不过长时段的文明，早就在"血与火"中被淘汰掉了。正因为这样，我们只有咬牙熬过眼前，并且在世界的风雨中与时俱进，才有可能巴望"必有后福"。

◎ "第三文化"这一概念大致包含这样几层意思：第一，全球文化是一些以具体文化流动（人员、技术、资金、媒介形象和意识形态）为处所的跨国际文化，不是不着边际的霸权"文化形态"；第二，全球文化处在"整合"和"差异"这两种不同驱动力相互作用之下，并不是单一地同化；第三，跨国际文化并不只涉及世界少数几个主

1　［美］阿尔君·阿帕杜莱：《消散的现代性：全球化的文化维度》，刘冉译，上海：上海三联书店，2012 年，第 231 页。

要文化，而是涉及世界上一切文化；第四，第一和第三世界之间的文化关系只是第三文化的一种形式，全球文化研究需要突破仅囿于此一种形式的局限。[1]

1　徐贲："第三文化"，载《读书》1998 年第 5 期。

第三章　当中国传统遭遇全球化

1. 申遗

● 全球化如此全方位地包围着我们，即使只涉及狭义的"文化全球化"，而不去谈政治、经济、军事、资源、生态、气候等因素，可供列举的要素也会广泛地包括宗教、伦理、学术、科技、文学、美术、传媒、出版、旅游、美容等等，简直是不胜枚举。因此，下文选取的申遗、语言、建筑、电影、熊胆、体育、通识、家庭，不过是信手拈来的例子罢了，并没有什么特殊的重要性。不言而喻的是，不能把全球化对中国的冲击，仅仅局限在这种狭义的"文化"上，因为前一组所列举的那些因素，无疑有着同样——如果不是更加——火烧眉毛的影响和压力。

● 不过，在本文的结构中，选取"自然与文化遗产"作为起始之点，还是有一定的深意，因为这原是天地间的自然赋予和中国文化自身的物质性存在。首先抓住这一点，有助于从外向内、循序渐进地演示出，传统文化如何在全球化的压力下，逐渐地变形、式微和消失。——反讽的是，我们用舶来的"文化遗产"四个字来命名中国的山川与景观，本身就已经潜在地证明，传统文化确被打上了强烈的外来印迹。在这个意义上，如果这种对于所谓"遗产"的独特外来界定方式，本身就是鉴于文化与自然多样性在世界范围内岌岌可危，那么，中国的文化景观和生态环境竟然败落至此，正是中西近代碰撞的突出历史效应之一。无论如何，这肯定不再是李白和苏轼曾经吟哦讴歌过的那一方水土了；而且正是在持续的外来压力下，以往那个可居可游可亲可近的生活世界，才变成了如今考古学意义上的文物或者死物。

● 更加反讽的是，激发中国人去抢救这些残存遗迹的动力，居然同样来自国外。初看上去这不无矛盾，从深层心理上说则不无相通，因为说到根子上，这都是在默默服从西方的"先进"话语。无论如何，正是在国际接轨的压力下，自从1985年成为《保护世界文化和自然遗产公约》的缔约国以来，中国就不断尝试向世界"申遗"，而被批准的项目已达到世界第三，其热衷程度肯定属于世界之最。可以在互联网上简单地搜索到，截至 2013 年 6 月，中国已有 45 处自然文化遗址和自然景观被列入了《世界遗产名录》，而其中文化遗产 31 项（文化景观 4 项），自然遗产 10 项，文化和自然双重遗产 4 项。

◎ 文化遗产（31 处）

1. 周口店北京猿人遗址（北京，1987.12）

2. 长城（甘肃、青海、宁夏、陕西、内蒙古、山西、河北、北京、天津，1987.12；辽宁，2002.11）

3. 敦煌莫高窟（甘肃酒泉，1987.12）

4. 明清皇宫（北京故宫，1987.12；沈阳故宫，2004.7）

5. 秦始皇陵及兵马俑坑（陕西西安，1987.12）

6. 承德避暑山庄及周围寺庙（河北承德，1994.12）

7. 曲阜孔府、孔庙、孔林（山东济宁，1994.12）

8. 武当山古建筑群（湖北十堰，1994.12）

9. 布达拉宫和大昭寺（1994.12）；罗布林卡（西藏拉萨，2001.12）

10. 庐山（江西九江，1996.12）［文化景观］

11. 丽江古城（云南丽江，1997.12）

12. 平遥古城（山西晋中，1997.12）

13. 苏州古典园林（拙政园、网师园、留园、环秀山庄，1997.12；狮

子林、沧浪亭、退思园、耦园、艺圃，2000.12）

14. 颐和园（北京，1998.11）

15. 天坛（北京，1998.11）

16. 大足石刻（重庆，1999.12）

17. 明清皇家陵寝（明显陵［湖北荆门］、清东陵［河北唐山］、清西陵［河北保定］，2000.11；明孝陵［江苏南京］、十三陵［北京］，2003.7；盛京三陵［辽宁沈阳、抚顺］，2004.7）

18. 皖南古村落（西递、宏村）（安徽黄山，2000.11）

19. 龙门石窟（河南洛阳，2000.11）

20. 都江堰及青城山（四川成都，2000.11）

21. 云冈石窟（山西大同，2001.12）

22. 中国高句丽王城、王陵及贵族墓葬（吉林通化、辽宁本溪，2004.7）

23. 澳门历史城区（澳门，2005.7）

24. 安阳殷墟（河南安阳，2006.7.13）

25. 开平碉楼与古村落（广东江门，2007.6.28）

26. 福建土楼（福建漳州、龙岩，2008.7.7）

27. 五台山（山西忻州，2009.6.26）［文化景观］

28. 登封"天地之中"历史建筑群（河南郑州，2010.8.1）

29. 杭州西湖（浙江杭州，2011.6.25）［文化景观］

30. 元上都遗址（内蒙古锡林郭勒，2012.6.29）

31. 红河哈尼梯田（云南红河，2013.6.22）［文化景观］

再造传统：带着警觉加入全球

◎ 自然遗产（10 处）

1. 九寨沟（四川阿坝，1992.12）

2. 黄龙（四川阿坝，1992.12）

3. 武陵源（湖南张家界，1992.12）

4. 三江并流（云南迪庆、怒江、丽江，2003.7）

5. 四川大熊猫栖息地（四川雅安、成都、甘孜、阿坝，2006.7）

6. 中国南方喀斯特（云南石林、贵州荔波、重庆武隆，2007.6.27）

7. 三清山（江西上饶，2008.7.8）

8. 中国丹霞（贵州赤水、福建泰宁、湖南崀山、广东丹霞山、江西龙
   虎山［含龟峰］、浙江江郎山，2010.8.2）

9. 澄江帽天山化石地（云南玉溪，2012.7.1）

10. 新疆天山（新疆，2013.6.21）

◎ 双重遗产（4 处）

1. 泰山（泰山［山东泰安］、岱庙［山东泰安］、灵岩寺［山东济南］，
   1987.12）

2. 黄山（安徽黄山，1990.12）

3. 峨眉山及乐山大佛（四川乐山，1996.12）

4. 武夷山（福建南平，1999.12）[1]

1　以上数据来自百度百科"世界遗产"词条，2013 年 12 月 19 日。

● 即使这样还是远远不够！散落于中国全境的文化遗踪，直可上溯到 50 万年前的北京猿人遗址，反映了华夏文明的赓续久远。正由于这种绵延的演进过程，引人注目的是，联合国所规定的包括文化、自然、文化与自然双重、文化景观、口头和非物质文化遗产等所有的"世界遗产"类别，都能在神州大地上找到它们的对应物。由此一来，我们国土幅员的辽阔性、各类文物分布的广泛性，以及保护它们的紧迫性，就跟只能以"民族国家"为单位来排队申报的现状构成了巨大的反差。

● 也由于这种绵延的文明进程，比照着将自然与文化割裂开来的外来观念，更凸显出中国景观之"天人合一"的特征。不同于新开发大陆的那些人迹罕至的山岭，中国的"自然遗产"早已覆盖起厚厚的人文层，而后者已属自然景观之不可或缺的部分。在这块早被先民踏遍的土地上，自然只能是人化的自然，它负载着集体想象的物质基础，影响到文化创造的表象世界，也见证了历史场域中的重大转折。缘此，在中国人的心目中，游山玩水和凭吊历史，早已融为同一件事。

● 甚至，许多自然景观乍看上去那非关人文的性质，也只是观察者忽视了其文化符号或抹煞了其文化蕴涵的结果。比如，

再造传统：带着警觉加入全球

所谓"新近发现"的九寨沟和黄龙风景区，原本就属于藏羌族文化区；而说到底，藏羌人与那片环境长期和谐共处的文化历史与生活经验，至少应当跟当地的秀丽风光一样，被珍视为最值得借鉴的文化遗产。否则，观察者就根本无从领略那里由自然和文化因素共同织就的独特"风情"。——同样地，具有独特风情的海南槟榔谷，那令人赞叹的满谷笔直林立的槟榔树，当然是基于独特的地貌与气候条件，但毋宁更是由黎族人特有的文化习性所致。

● 由此就触及了中国"申遗"活动的另一特征——东西失衡。主流的文化意识与话语权力，使得西部自然景观和少数民族文化的价值，未能被同等重视。比如，西部那些记录着中国数十个民族生活、迁徙、分化、融合，演绎着人类从狩猎文明向农耕文明演化的世上最壮观的峡谷群（大渡河、雅砻江、澜沧江、怒江、金沙江），西南地区大范围的喀斯特地貌，西部的雪山冰川，各民族原生态的聚落、民居等等，大部分甚至尚未进入申遗的预备名单。眼下，只能寄望于其价值被充分认识到时，它们的原生态还能保存完好。

● 申请文化遗产的过程，其激烈竞争的程度不言而喻，但这种竞争的动力并非来自"文化"，而是因为其间掺有巨大的经济利益。只要能跻身于"世界遗产",就足以为地方上带来陡涨的旅游商机。一些原本鲜为人知的美丽去处,如云南丽江和山西平遥,一旦被列入《世界遗产名录》,便能吸引海内外游客纷至沓来,踏破门槛,不仅使旅游业的直接收入扶摇直上,还能拉动整个地区的产值间接攀升。正因为这样,前述那个成功申遗的名录,倒更像是一个商业旅游的指南,等待着长假期间密集拥来的人群;而那些原生态的、更有保真可能的景观,则由于旅游资源已被"胜者通吃",干脆就更加无人问津了。

● 到此需要再来回顾一下——2005 年 10 月 20 日,联合国教科文组织大会通过了《保护和促进文化表现形式多样性公约》,其中"文化多样性"被定义为"各群体和社会借以表现其文化的多种不同形式,这些表现形式在他们内部及其间传承",并说它"不仅体现在人类文化遗产通过丰富多彩的文化表现形式来表达、弘扬和传承的多种方式,也体现在借助各种方式和技术进行的艺术创造、生产、传播、销售和消费的多种方式"。该大会还认识到,"文化多样性是人类的共同遗产,应当为了全人类的利益对其加以珍爱和维护",并且意识到"文化多样性创造了一个多姿多彩的世界,它使人类有了更多的选择,得以提高自己的能力和形成价值观,并因此成为各社区、

再造传统:带着警觉加入全球

各民族和各国可持续发展的一股主要推动力"。[1] 由此，首先应当从积极意义上看到，作为一种得到国际承认的示范活动，推广"申遗"活动的确有助于提高保护文化多样性的意识。

● 还应公允地承认，正因为得到了或者有可能得到国际重视，某些以前眼看就要灭绝的文化传统，特别是那些所谓"口头和非物质文化"传统，往往又获得了政府的支持、社会的关注和商界的看好，从而获得了立足和喘息的余地。此外，逐渐变得"全球化"的保护人类遗迹的活动，如果开展得顺利，也有可能为后发现代化国家提供经验和教训，包括对于某些以往被视而不见的珍贵遗产的认定，对于某些复杂的文物保存和修复技术的学习，以及对于某种具体保护方案的国际讨论，等等。

● 但也要清醒地看到，这种纯由"外来和尚"所推动的保护方式，在缺乏文化主动性的情况下，带来了相当可观的副作用，甚至使得人们简直要惊呼，不要把"世界遗产"弄成了"世界遗憾"！于一夜之间催生起来的旺盛旅游需求，使得那些

1　联合国教科文组织大会：《保护和促进文化表现形式多样性公约》，见 http：//baike.baidu.com/view/2712004.htm。

有幸成为"遗产"的胜地，往往苦于人满为患，大大超出了其承载力；而由此带来的商业化、城镇化和人工化，又往往会败坏这些地区的原有风貌，其至使得它们的真实性和完整性，以及风土人情的淳朴性，都遭到了无可挽回的损害。

———————

◎ 4月10日，凤凰古城开始执行"一票制"门票方案，游客只要进入凤凰古城，无论是否游览景点，都必须购买148元的门票通票。"新政"造成游客数量骤减，次日还出现大量商家集体歇业罢市，现场秩序出现混乱，当地甚至出动警察维持秩序。……收费并非"前无古人"，平遥古城、乌镇等也是只要进城就得买票，缘何这一次闹出如此大的动静？这当中，有国人旅游休闲需求不断旺盛的因素，有公众权益意识日益增强的因素，但更重要的，应该是当地"坐地起价"的随意和无序。事关各方权益，当地要改革和决策时可曾听证、可曾征求民意？是觉得这种事政府有权做主、民意可以忽略不计，还是对决策不自信、担心民意反对？统一收门票当真是为了加强管理之类的理由吗？现实中一次次的经验告诉我们，收费和罚款往往不是解决问题的治本之道。[1]

———————

1 新华网："凤凰古城收费'满月'：陷舆论风暴让人寒心"，见 http://news.xinhuanet.com/fortune/2013-05/10/c124693340.htm。

● 与此同时，那些尚无幸运成为"遗产"的传统，则又像弃儿一样面临着更大困境。以中国文明之久远和幅员之广大，有资格列入"世界遗产"的项目数量，肯定大大超出了联合国逐年评选的名录限额，何况晚近以来，向国际申报的门槛又已经变得越来越难以准入。因此，更大数量的亟待保护的项目，特别是那些"口头和非物质文化"的传统，往往因为其存在形态业已式微，反而更加无法及时引起国际关注，进而吸引到政府的偏爱，遂在各项目之间的激烈竞争中，不合理地加速了干涸与灭绝的过程。

● 当然，更大的宏观危机还在于，尽管中国在世界的推动下，加速了对其文化遗迹的保护，然而毕竟也在世界的推动下，不知多少倍地加速了社会生活的总体变化。在这种急剧的变迁中，传统文化及其景观无疑是最为脆弱的，甚至会像电光石火一样稍纵即逝。正因为这样，必须彻底澄清认识上的误区：如果只是鉴于"世界遗产"的经济价值，而不是出自对于文化的由衷挚爱，才去保护和开发文化传统，那么这种传统只会继续变态、式微和衰亡，因为事实上，中华大地上自然景观的迅速破坏，作为整体生态恶化的表征，原本就来自掠夺式的人类经济活动。

2. 语言

● 在世界的语言体系中，汉语占据着非常特殊的地位。由于传承的久远和传播的广泛，也由于在"书同文"的基础上可以容纳不同的读音，哪怕从全世界的范围来看，它也是既成了最多人口所共用的一种语言，又成了最大一批图书典籍的载体。从这个意义上说，汉语言文字的底蕴，肯定是特别深厚的，甚至是生命力特别强韧的。应当看到，正是以这种语言文字为基础，才构成了我们的文化共同体，它无疑是中华民族的生命线。——进一步说，随着汉字及其携带的文化内容如涟漪一般逐渐向外扩散，它也曾超出本民族的居住范围，构筑起更广大的汉字文化圈，从而哪怕是在稍许稀薄的意义上，创造出一种相当独特的并在历史上真实存在过的认同感与向心力。

● 可令人嗟呀的是，即使是这样一种伟大的语言，在近现代西方不断的强压下，也持续出现了漫画式的变形。自从"五四"时期以来，很多新派的知识分子都在一种截然的文明二分框架下，认定中国既然是器物不行，制度不行，文化也不行，那么我们的语言文字本身也必然劣于西方的语言文字，所以必须像毒瘤一样尽快切除。出于这种缺乏理智的考虑，尽管这些人还在用母语来发言，然而他们发言的具体内容却是要尽快消灭自己的母语。最为难堪和错乱的是，至今都被国内中文系膜拜的鲁迅，实则一直都想毁掉中国文字，因为他曾把中国人的积贫积弱全都归罪于本民族所操的语言——"汉字不灭，中国必亡。因为汉字的艰深，使全中国大多数的人民，永远和前进的文化隔离，中国的人民，决不会聪明起来，理解自身所遭受的压榨，理解整个民族的危机。我是自身受汉字苦痛很深的一个人，因此我坚决主张以新文字来替代这种障碍大众进步的汉字。"[1]

◎ 现代中国知识分子的爱国心绝不亚于屠格涅夫与果戈理，但热爱祖国的中国知识分子并不像屠格涅夫和果戈理那样热爱本国的语言，倒是像果戈理笔下的上流社会腐朽堕落的绅士闺秀们那样竭力避忌母语。他们并不因为爱国，就认为这国家的语言也值得热爱；他们认为爱国爱语言是两回事，可以爱国，却绝不可以爱这国家的语言。在他们看来，国是可爱的，而可爱的国家的语言则是可憎的，甚至正因为他们爱国，才更加清楚地意识到语言的可憎，因为这个可憎恨的语言阻碍了他们所热爱的祖国的发展，甚至威胁到他们所热爱的祖国的生存。[2]

1　鲁迅："病中答救亡情报访员"，转引自郜元宝："母语的陷落"，载《书屋》2002 年第 4 期。
2　郜元宝："母语的陷落"。

● 另外，更加难以被人觉察、影响却不小的变化是，汉语在中日甲午战争以后，还囫囵吞枣式地取道于日本引进了大量西洋外来语。在这方面，早期清华国学院的导师梁启超和王国维，都可以说是相当自觉的急先锋，前者创造了《和文汉读法》，后者则写有"论新学语之输入"一文。值得反省的是，由于日本语本身也借用汉字，所以中国人——特别是后来的中国人——往往难以意识到，那些用汉字拼凑成的外来语，在本质上只不过是一种外语，跟中文的原有习惯有着或隐或显的区别。实际上，许多迄今都无法消除的文化误读，正是在那次中文的巨大变形中形成的。在这方面，一个嘴边的笑谈便是，离开了这些日语外来语，当今的执政党就很难开成一个像样的大会，因为举凡"共产"、"资本"、"书记"、"支部"、"经济"、"社会"、"艺术"、"哲学"、"主义"等等，全都是这样的语言舶来品。

◎ 通过考察《和文汉读法》这本小册子的增补和流传过程，我们能够在一定程度上了解到，梁启超等近代中国知识分子当时是怎样在"同文同种"的意识下看待中日之间的语言差异的。至此，我们也不难想象他们基本上依赖着中日间的"同文"特征，并依靠自身的汉文能力试图最大限度地理解日语的努力，并希望尽快从日文中汲

再造传统：带着警觉加入全球

取大量新知识新概念转介到汉语中来，结果却难免产生一些消化不良的、一知半解的接受认识，成为那个时代的必然产物。[1]

◎ 十年以前，西洋学术之输入，限于形而下学之方面，故虽有新字新语，于文学上尚未有显著之影响也。数年以来，形上之学渐入于中国，而又有一日本焉，为之中间之驿骑，于是日本所造译西语之汉文，以混混之势，而侵入我国之文学界。好奇者滥用之，泥古者唾弃之，二者皆非也。夫普通之文字中，固无事于新奇之语也；至于讲一学，治一艺，则非增新语不可。而日本之学者，既先我而定之矣，则沿而用之，何不可之有？故非甚不妥者，吾人固无以创造为也。[2]

● 前文已经提到，汉语言的一大突出特点，或者它的一大辩证特征，就是在这种由独特历史所形成的语言中，文字必须高度地统一，而语音则可以宽容地繁杂。由此，操着各种方言的中国人，甚至有可能相互听不懂，可他们通过文字书写，却能够毫无困难地相互交流。想当年，德国哲学家莱布尼兹正是基于中文的这种特点，把汉语想象成了未来的世界性语言。

---

1 陈力卫："'同文同种'的幻影：梁启超《和文汉读法》的改版过程与日本辞书《言海》"，见《中国学术》第三十一辑，北京：商务印书馆，2012年。
2 王国维："论新学语之输入"，见《静庵文集》，沈阳：辽宁教育出版社，1997年，第117页。

● 不过，沿着上述特征，由于现代民族国家的高度权威，也由于现代生活的密切交流，一种基于北京语音的普通话被赋予越来越重要的地位。这既是高速发展的要求，反过来也支持了日益广阔的生活空间中的交往。然而，由此造成的语言变化却是：在北京之外的大多数地区，都出现了普通话和方言并存的双言现象。而大家又不可忘记，这种双重口语现象的负面效应在于，普通话的日渐普及，渗入或消磨了丰富而鲜活的方言，甚至使年轻一代简直引以为耻，遂使许多以方言为载体的地方文化逐渐萎靡或平均化。

● 如果说，当年是在现代性的压力下，部分源自契丹的这种北京语音才被硬性确定为中国的普通话，那么，同样是在现代性的压力下，来自西方特别是美国的英语，则被看作了更高级别的普通话。能够通晓和操持英语，不光会带来交流的方便，还被看作身份和教养的象征，就连预备接班的领导人，也想要就此进行表演，来博取相应的威望与信任。正是在这样的示范下，人们便以高出对母语不知多少倍的热情，投入对于英语的培训和学习。到处都可以见到双语的且主要教授美式英语的幼儿园和小学。反过来说，读写母语的能力已经普遍下降了，可人们对此根本不以为意。而长此以往，势必会加速中国文化在全球化压力下的没落。

　　　　　　　　　　　再造传统：带着警觉加入全球

◎ 在以上的例子中，语言多样性只能被描述为不利因素，但是许多人都因为英语在许多其他领域中无可避免地扩张以及其对文化多样性的持续侵蚀而感到担忧。一些激进分子将英语描述成一种"杀手语言"，它在扩充自己影响的同时消灭了其他语言和语言多样性，尤其是在世界精英人士中。并且英语还承载着特殊的文化价值和文化产品，这些价值和产品在意识形态上扰乱并有害于当地文化及其产品。因为其限制商品和服务的自由流动，保护这些文化的努力可能被称作是保护主义。在一些情况中，这些努力可能会演变成反美情绪或反帝国主义情绪，但是经常在平等的精神下这些情绪会促进理想的互惠协商。[1]

● 英语的这种优势地位，势必要从根本上渗入汉语的语言结构本身。从一个世纪以前的《马氏文通》开始，人们就想从欧洲引进那种普适的和唯理的语法，借此来总结汉语的内在规律。而这种尝试性的成果一旦被规定为判定的标准，势必要实际影响人们的语言习惯。说到底，很多人现在都已经在不自觉地循着英语语法判断某个句子是否正确。只可惜，这种对于某种僵化语法的生硬判断，并不能真正增强学生的语言能

1 《全球化百科全书》，第412页。

力，以致孩子们即使在这方面获得了高分，却不会写一封通顺的书信。——在这个意义上，晚近围绕能否在《现代汉语词典（第6版）》中收入"外语字母词"的争论甚至诉讼，更是从一个前所未有的深层上，凸显了英语这种无孔不入的挤压。

● 由于语言的边界恰恰就是思维的边界，所以，外语能力和母语能力的反比变化，注定会在思维深处影响到文化的深度和创意。因为，唯有母语这种不必担心出错的、口脑合一的语言，方能带来彻底放松的自由感，帮助人们在自信与自如的交流和谈吐中，不断反复体验语言和思维的微妙性、闪烁性、复杂性和丰富性，体验到被界定对象的模棱两可和稍纵即逝，从而油然生发出对于现有思想概念和程式本身的不满与变革欲望。——在这个意义上，在生活中失去母语的感觉，尽管一般情况也可以对付，却好比中风后的麻木不仁。

● 晚近以来，全球化对于中文的影响，还突出表现在互联网的冲击上。由于英文的输入更为迅捷，而英文网站中的信息也更丰富，且较少受到监管部门的过滤，就更鼓励人们在网上干脆撇开了母语。此外，也有人故意利用自己的语言优势，或者干脆说，就是欺负宣传部门不懂英文，才投合着国内和

再造传统：带着警觉加入全球

国外的不同语境，完全用两种腔调分别发言。甚至，又由于技术本身的原因，不仅中国人和外国人通信时要用英文，就连中国人和中国人（特别是跟身在港台或海外的中国人）通信时，为了防止出现乱码，仍然会被迫首选英文。

———————

◎ 实际上，语言正以令人担忧的速度逐渐走向消亡。在《世界语言》中确认的大约 7000 种语言中，全世界 96% 的人口使用其中 4% 的语言。根据联合国教科文组织（UNESCO）所述，因特网 90% 的内容只使用了 12 种语言，而全世界 90% 的语言没有出现在因特网中。许多这样的语言都没有书写体系，没有机构支持，并且语言的使用者只有几百或几千人。安德鲁·多尔比（Andrew Dalby）指出："每两个星期世界就失去一门语言。"一些学者认为现存的 90% 的语言将会在 2100 年之前消失，部分因为在其消失之前对其进行记录的资源有限。主要语言的区域变体也会消失，这是由于大众媒体（尤其是电视）、学校和移居的影响。[1]

● 即使只用中文进行交流，互联网仍然对语言造成了冲击。由于网上进行的是即时交流，快速表达变成了主要的考量，

———————

1 《全球化百科全书》，第 412 页。

而对规范表达的要求就相应降低，更谈不上什么文化韵味。甚至，上网一族自创的小空间语言，不仅不稀罕语言规范，还以故意破坏这种规范，作为"酷"的做派的表现，几乎类似于以往小团体的黑话。——什么"马甲"、"粉丝"、"筒子"、"菜鸟"、"斑竹"、"沙发"、"大虾"、"灌水"、"潜水"、"酱紫"、"美眉"、"抓狂"、"拍砖"等等，不一而足。而汉语词典对此干脆不知所措，只有过一段时间就被迫收录。

● "酷"这个字眼，原本就是 cool 这个英文词汇的音译。对于当代从西方涌入的大量新词，日语所采用的主要办法，是用片假名对其读音进行拼写，而汉语采用的主要办法，除了通常的意译策略以外，也往往借用汉字的读音对其进行拼写，特别是当汉语中并无准确对译的时候，比如"坦克"、"苏打"、"白兰地"或"波尔多"。这样的文字策略，虽然避免了在汉字中夹进大量外文字母，却把许多汉字本身的丰富功能，蜕化成了简单的字母代称，并在原以单个汉字为单位的汉语里，嵌入了大量多音节的外来语，使其失去了以往自由组合的灵动性。由此，讲究平仄声韵的古体诗，只能跟当代生活逐渐脱节。

● 更严重的是，由于这些在母语中本无意义的汉字组合，却能

再造传统：带着警觉加入全球

模糊暗示出某种莫名的洋味，有人就自创了一些并无英文对译的汉字组合，并在传媒中反复灌输，遂使中文更加受到无端的和变本加厉的污染。比如，像奥迪、辉瑞、斯坦福和万宝路这样的词汇，原是由于外语的词汇不好意译，不得已才以音译的形式嵌入了汉语；然而，像奇瑞、多芬、捷安特、斯波兹曼这样的词汇，却是放着樱桃、鸽子、巨人和运动家的意思不用，非要以毫无意义的音节来暗示它们的洋味；此外，更有诸如奥琪、苏泊尔、格兰仕、比亚迪这样的名称，谁也不知道它们的原文是什么，大概只是为了鱼目混珠，暗示莫须有的外来出身，而刻意拼凑出来的汉字组合。

● 总而言之，受上述种种变因之影响，中文的变化速度是相当惊人的，以致对于迁居海外的中国人，只要细心听听他们所说的汉语，就可以大致判定他们是在什么时期离开中国的。将来的文献考据家，也可以准此进行断代研究。也是因为这样，那些或真或假"流亡"海外的中文作家，特别是那些原应对语言要求最高的诗人，很快就对母语失去了真实和生动的语感，只能长久地在国外漂泊下去了。

● 当然，要看到问题的另一面。尽管英语已被实际当成了世界语，并给英国人带来了很大的财源，也使得美国人大都不需学习外文，但反过来说，全球化的挑战即使在这个方面，也没有放过英美国家本身。比如，美国伊利诺伊大学的卡奇鲁就认为，当今世界英语体系可分为"内圈"、"外圈"和"发展圈"，正是基于这种划分，"他主张用 Englishes 这一复数名词取代传统上所使用的 varieties of English。 这样，卡氏不仅认可了'新加坡英语'和'印度英语'等的独立性，而且承认了'日本英语'、'中国英语'和'埃及英语'等的存在。"[1] 这样一来，为此而发急的就不再是中国人，而轮到英国人自己了，因为他们也许有一天会看到，自己的母语已经四分五裂，瓜分豆剖，而且名义上讲着英语的不同民族，彼此之间也已经难以沟通了。

◎ 当"全球化悲观主义者"认为"英语是一种杀手语言，会像文化瘟疫一样散播到世界各地，毁灭不一样的声音和文化独立性"时，我想到了英国学者查尔斯·利德比特（Charles Leadbeater）在其著作《登上向下的电梯：为什么全球化悲观主义者是错的》（*Up the Down Escalator: Why the Global Pessimists Are Wrong*）中对这一观点的回应："……出现了许多新的语言种类和不同语言的混合。悲观主义

1　姜亚军："英语姓什么"，载《读书》1998 年第 11 期。

者非黑即白的原则排除掉了人们获得这些语言、商业和技术混合成果的可能性。但这正是人们不断应对变化的方式：创造杂交品种。"

◎ 事实上，对于这种杂交，也就是把英语成语、语法和拼写进行增加和修改以适地文化，没有比萨曼·拉什迪（Salman Rushdie）提供的例子更具代表性的了，他的小说借用了南美作家的现实主义风格，夸张地把孟买俚语和英语合在一起。……实际上，如果我们环顾世界就会发现，随着英语在全世界范围的普及，本土语言在当地也更加兴盛了。多重文化的兴起以及人们对种族特性的珍视，否定了全球化悲观主义者们的可怕预言。[1]

● 甚至，英国语言学家尼古拉斯·奥斯特勒（Nicholas Ostler）不断惊呼，英语作为一种当今世界的通用语言，正无可挽回地走向衰落。他在《最后的国际语言：巴别塔重现前的英语》（ *The Last Lingua Franca: English until the Return of Babel* ）中，将这种沉沦的趋势归因于民族主义对于把英语当成"国际普通话"这种做法的限制，也归因于英语世界在政治、经济和社会等方面的全面没落，同时还归因于技术要素的不断发展，因为一旦计算机性能有了爆炸性的提升，那么随着得心应手

---

1 ［美］贾格迪什·巴格沃蒂：《捍卫全球化》，第 204—205 页。

的翻译软件的普及应用，真正被人类通用的就将不再是任何一种语言，而只是技术条件本身了。

3. 建筑

● 接下来，让我们从"艺术"这个最狭义的"文化"活动中，再选取两个比较有代表性的案例。它们一个属于新旧交替的类型，另一个则属于全然新创的类型；一个是从古代生活中纵向传承下来，另一个则是从西方世界里横向移植过来。这样做是希望由此交织出的更为错综复杂的变化，足以向大家演示出全球化与中国文化之间的多样性关系。

● 尽管中国古人偶尔也连用"建""筑"二字来描写某个建造的过程，但卫三畏（S. Wells Williams）于 1844 年编写的《英华韵府历阶》（*An English and Chinese Vocabulary, in the Court Dialect*），仍把 architecture 译成"建造法"；而施古德（Gustave Schlegel）于 1886 年编写的《荷华文语类参》，则把它译成"营造法式"。直到王国维于 1902 年译出元良勇次郎的《伦理学》（上海教育世界出版社 1902 年出版），中文世界才首次出现了 architecture 与"建筑"的对译。因此，"建筑"这个字眼肯定也是取道日本的外来语。

再造传统：带着警觉加入全球

● 然而仔细体会一下，仅仅用"建筑"这个外来语来刻画中国古代的居住环境，还是显得太割裂和太人工了。那会使人想起某种遗世独立的夸耀人力的构造，诸如科隆的大教堂或者海德堡的城堡，从而跟周遭的自然生态形成强烈的反差。而那个曾经的完整的中国生活世界，无论单独看去还是整体看去，却跟大自然有机交融，相映成趣。对于这种生活艺术的结晶，也许更应当称其为"环境艺术"。

◎ 人与外界既有隔又有通，这是中国古代建筑艺术的基本思想。有隔有通，这就依赖着雕空的窗门。这就是离卦包含的又一个意义。有隔有通，也就是实中有虚。这不同于埃及金字塔及希腊神庙等的团块造型。中国人要求明亮，要求与外面广大世界相交通。如山西晋祠，一座大殿完全是透空的。《汉书》记载武帝建元元年有学者名公玉带，上黄帝时明堂图，谓明堂有四殿，四面无壁，水环宫垣，古语"堂皇（埋）"。"皇（埋）"即四面无墙的房子。这说明离卦的美学乃是虚实相生的美学，乃是内外通透的美学。[1]

◎ 这些业绩归纳起来主要有以下几点：一、在哲理上，建立了中国特

1　宗白华："中国美学史中重要问题的初步探索"，见《中国现代美学名家文丛·宗白华卷》，杭州：浙江大学出版社，2009年，第181页。

色的建筑本质观，包括以视觉变化为规律的永恒观、求精美而舍奢侈的节俭观、以"天地为屋宇"的建筑观等。二、在环境意识上，总结了符合自然规律的风水学。三、在城市规划和建设上，建立了融建筑、园林、道路为一体的筑城学。四、在技术上，建立了能反映上述哲理和环境观念的灵活构筑。五、在美学上，建立了重视非物质性的意境创造。六、在职业实践上，形成了由工匠、画师和风水师等结合的民间和官方建筑师队伍。[1]

● 反过来说，这种供人栖居的立体生活世界，从来都不是可以超脱功利的纯粹艺术。在过去的年代，在所谓"房子"和"建筑"之间，并不存在像现在这般泾渭分明的界限。所以在事实上，是文明活动的尝试和累积本身，成了最精明和精巧的艺术家，——它既满足着最基本的功能需求，又利用着最经济的资源条件，竟发展出了极具魅力的形式感。

◎ 无论是哪种文明的蕴涵，都必然焕发出相应的审美格调，而且这种格调一定会点染到房屋造型上，潜在地规定着设计师的想象界限，这就切入我们今天的正题了。建筑于东坡之上的雪堂，既没

1　张钦楠：《中国古代建筑师》，北京：三联书店，2008 年，第 17 页。

有当年皇宫王府的气派，更没有如今花园别墅的富丽，却更富于韵致更令人神往，正所谓"君子居之何陋之有？"我们不妨再推想一下，甚至宏大豪奢如滕王阁，也要靠王勃的大手笔，才能为后人所知晓所称道，正说明历史自有它的风雅标准，那首先要基于精神的内涵——房子里面一定要充盈人气，要贯注了文化意蕴方能生气勃勃。[1]

● 当然，这些房屋后来变得老旧了。特别在经历几十年的疏于修缮之后，再考虑到中国建筑特定的砖木结构，以及城市人口的爆炸式增长，不少房屋已经从四合院沦落成了大杂院，在功能方面远远满足不了生活的需求。然而，对于传统的营造，究竟是另起炉灶，还是推倒重来，在一个盛行过革命话语的国家，在一个对于基本需求欠账过多的国家，并不那么容易找到正确的答案。

● 可叹的是，此后便爆发了商业话语的流行。于是，就在那个古老的和诗意盎然的居住世界之上，如今正好可以最直观地目睹"全球化"的负面影响。迅速扩张的城市功能要求，本身就像滚滚而来的巨型推土机，把大量的老旧建筑彻底荡平，随处可

---

1 刘东："造型与造价"，见《理论与心智》，南京：江苏人民出版社，2001年，第300页。

见那个触目惊心的"拆"字。而极度旺盛的建筑市场，又煽动得设计简直等同于拷贝。由此，建筑语言变得既纷乱、随意而又贫乏，新楼的格调也变得既光怪陆离又千篇一律。——城市的景观已面目全非，既失去了人文记忆，也失去了个性特征，除非谁愿意把那种大杂烩也当作一种特定时代的风格。

◎ 或许，镜面玻璃在中国的应用，最能说明这种恶俗。贝聿铭当年率先在波士顿的汉考克大厦（John Hancock Tower）上应用这种材料，其动机并不是为了炫耀。恰恰相反，这种设计巧妙利用了镜面的幻觉效果，既突出了平滑立面的整体感，又收敛了庞大体量的厚重感，使你尽管明知这是幢摩天大楼，然而在蓝色镜面的折射和融入下，仍觉得它有点"秀美"，亭亭玉立在蓝天白云中，而不像寻常的混凝土怪物，只会给视觉留下压抑和沉重。

◎ 可惜玻璃镜面这种建筑语言，一旦被不同层次的人群言说，却能显露出不同的意义。如果贝聿铭调动上万块镜面，意在强调紧凑和简洁，那么在我们的长安街，只需装点它百十来块，就能表现出琐碎和零乱。如果贝聿铭试用这种语言的匠心，是想让大厦化入周围的景观，那么在长安街，竞相搬用这种脆弱而耗能的材料，竟只因为看中了它的炫耀效果。[1]

● 在日渐粗滥的城市景观背后，则是日益膨胀的消费主义需求，而这种为了开拓市场而不断夸张日常需要的思潮本身，不言而喻，肯定是舶来的。于是就可以理解，无论在房屋的尺寸还是格调方面，仅仅在物质方面"先富起来"的人们，都要求他们的房子进一步向西方靠拢，弄得到处都是胡乱拼凑起来的欧式建筑语言。眼下，这种浅薄的奢靡之风，已成了最无文化教养的新贵们的文化标志和身份象征。

◎ 还有一条教人受不了的，就是眼下建筑物的取名。想当年东坡先生多会点铁成金，信手从身边抓几个字来，就又朴素又传神又别致：下雪天盖的房子吗？那就称作"雪堂"罢，索性再在四壁画满大雪，俨如置身于敞亮的大自然；登临远眺的亭子吗？那就冠以"快哉"罢，好来此享受彻骨的风凉，身心振作地发出思古之幽情……当然开发商并非大文豪，没有那么精妙的语感，不必对此抱太大的期望，这也是不在话下的；但那就非得这般文理不通，围个小院就敢称"广场"，铺块草皮就敢叫"花园"，憋着劲非把汉语弄贬值不

1　刘东："穷得只剩下房子了——消费主义时代的北京建筑文化"，见《道术与天下》，北京：北京大学出版社，2011年，第105—106页。

可么？别看就这么区区几个汉字儿，它们的容积也着实不小呢——那种堆金砌玉般地想靠"金""鑫""帝""御""嘉""苑"之类拼凑出的矫饰豪华，不仅教你念着诘屈聱牙、读着不知所云，还能在街头无休止地弥漫出腐恶的铜臭来！[1]

● 与此同时，国外的建筑师事务所也在纷纷抢滩，而中国在这方面的开放或放纵程度，简直让人瞠目结舌！大都市最主要路段的地标性建筑设计方案，大都由从未在中国生活过的国外建筑师中标，而这些方案中也有很多原本并不是专门为中国设计的，只不过是在别处落选之后，再拿到中国来碰碰运气，也就随之带来了这些作品的原有格调与水土如何协调的问题。比如耸立在天安门广场近旁的、由法国建筑师设计的前卫风格的国家剧院，显然将永远面对这样的追问。

————————

◎ 在这种求新奇之风的劲吹下，一批走奇特造型路线的海外建筑师被请进内地，比较著名的如日本的高松伸（＋结构工程师川口卫），他在中国各地设计了几栋建筑，其中天津博物馆率先在 2003 年建成。在一个硕大的纪念性广场上，巨大的博物馆如龟如鸟般对称趴

————————

1 刘东："造型与造价"，见《理论与心智》，第 304 页。

　　　　　　　　　　　　再造传统：带着警觉加入全球

在地上，面层是锃亮的金属和玻璃，与博物馆藏品的含蓄、古雅格格不入。清华大学彭培根教授指出，这些洋建筑师"利用当今中国人还在崇洋媚外的社会现象，同其他许多缺乏职业道德的外国建筑师一样，把中国当成新武器实验场。因为这些追求视觉刺激、语不惊人死不休、极度浪费和凶神恶煞的建筑物，在这些外国建筑师们自己的国家是绝对实现不了的"。[1]

● 当代的建筑批评对于这类作品的态度，相当地复杂矛盾。人们既艳羡国外的重要建筑师享有拿中国本土当作世界当代建筑实验地，从而检验某种超越国界的纯建筑的机会，又痛恨大量中国本土建筑师以欧洲传统风格来迎合中国部分新贵甲方的权力象征。——而在前一种情况下，人们有理由去批判外来者割裂中国城市的文脉；在后一种情况下，人们则有理由去提醒，莫把别人的传统错当成了自己的传统。

◎ 当政府太把建筑当作雕塑的时候，一个城市就开始死去了。因为这种建筑的原则永远只能是自外向内，而不是自内向外。比如北京的国家图书馆，就不是为里面的读者设计的，而是由外边的视察者选

1 薛求理：《全球化冲击：海外建筑设计在中国》，上海：同济大学出版社，2006年，第59页。

定的。这里面大量的建筑空间都是在撒谎的，无非是要让外立面显得好看。你要走到一个阅览室，居然要通过很多完全无用的空间；然后你再要去另一个阅览室，又要穿过许多迷宫式的空间。结果你只好对自己说——最好少去！

◎ 甚至，当只剩下近代意义上的建筑师的时候，一座城市就开始死去了，特别对北京这座古城来说。这些建筑师总是在争奇斗巧，他们的作品就像浑身涂满油脂的健美选手，个个都脱得精光亮出肌肉，然后再摆出最夸张的造型，在表演台上相互怒目而视。在如此生硬的建筑之间，怎么可能产生出融洽的街区生活？[1]

◎ 据说是李祖原"扛鼎之作"的北京盘古大观，以龙图腾为外立面的基本造型，覆盖五座建筑，其中南侧写字楼顶部为"龙头"造型，中间三座楼宇形成"龙身"，北侧 B 座则是"龙尾"。这种被各独立楼体分解的龙体，不仅因造型破碎而导致视觉不适，更因犹如被挥刀斩成五段的死龙，而走向吉祥寓意的反面。无论在感官经验还是文化象征方面，它都是彻头彻尾的失败之作。沈阳民营企业大楼，以外圆内方的古代铜钱造型现世，"直白"到了只剩下赤裸裸的贪欲的地步。这两件作品，不仅是具象建筑的奇观，更是当下中国社

1　刘东："穷得只剩下房子了"，见《道术与天下》，第108页。

　　　　　　　　　　　　再造传统：带着警觉加入全球

会状况的生动写照。[1]

● 于是，中国建筑师阵营被分为对抗的两类：他们要么是商业建筑师——声称自己解决的是中国特色的城市建设速度的问题，以此来回避建筑的文化问题；要么是文化建筑师——希望以"平常"、"低技"或"业余"等低调的策略，试图解决本土的"地域性"问题，以此来缓冲由超高发展速度所带来的文化压力。比如，很值得一提的是，最近获得普利兹克奖的中国建筑师王澍，就很典范地代表了后一种倾向。

<hr>

◎ 如果碰到"9·11"的事情，我们就是把它建成一个具有非常重要的纪念性的建筑，那也未尝不可，可是这本书里头说的大部分，她想说这个街区是我们生活的街区，这个街区是非常温馨的，这个街区有很多功能，——而这样的功能，现在是靠发展商去雇很多保安，再让住户掏很多物业管理费圈起来的。她希望整个的城市是流动的，在流动的过程当中，由于互相之间的制约，由于自己的居民生活的要求，自己形成一个网络，他们自己在这儿非常健康地生长，就像在波士顿北区等模范区域。……其实一个城市，居民的心态如何，

1 朱大可："具象建筑与权力丑学"，载《新世纪周刊》2012年第36期(9月10日出版)。

人们在这儿是否真正安居乐业，只要看看城市的景观就行了，如果这个地方是从一楼、二楼、三楼、四楼、五楼一直把防盗窗户装到六楼，把整个建筑弄成一个"鸟笼"，你再告诉参观的人，说我们这儿是非常安居乐业的，这是开玩笑。其实，建筑景观是这些居民心态非常明显的一个表征，这样的情况就说明我们住得不安全，说明我们没有理由对环境投赞成票。[1]

● 在上述双方的问题意识背后，将来或许能找到契合点，因为本土性问题的答案很可能就存在于中国特殊问题的特殊解决方式当中。从长时段的视角看，也只有找到了匹配特定资源的特定建筑方式，中国的城市景观才能重获文化品味；而正因为这种资源的限定，届时传统建筑的神髓也许就可以复活，从而使得那个古老的生活世界不再仅仅属于考古学。

4. 电影

● 如果作为空间艺术的建筑，是以一种混杂的形式来体现本土和外来两种空间意识的冲突，那么作为时间艺术的电影，则

---

1 "冯仑与刘东谈《美国大城市的死与生》"，见 http://blog.sina.com.cn/s/blog 5937d98701012i60.html，引用时对于速记文本的错误有所订正。

是以一种同步的形式，来体现中国和西方都已被拧在全球化时钟的发条上。——中国电影本身就是全球化进程的产物，它与世界电影发展的大背景相互伴生，在制作、发行、放映等各个环节都与后者紧密相关。这说明，全球化在带来许多危难的同时，也给中国的文化事业带来新的生机。

● 因此在这里，全球化切实地意味着双向的互动。与外国电影对早期中国电影的影响相对应，后者也很早就反向尝试过自己的越洋之旅。比如，影片《渔光曲》在 1935 年就获得了莫斯科国际影展的"荣誉奖"，其编导蔡楚生亦成为乔治·萨杜尔（Georges Sadoul）《世界电影史》（*Histoire du Cinema mondial*）开列的二百名世界著名导演中唯一的中国人，而被影展指定出席的中国影后胡蝶也曾名扬西欧；再如，抗战期间中国影片《貂蝉》和《热血忠魂》也成功进入过美国的一流影院。

● 当然，从牛顿有关"作用力与反作用力"的定律来看，蚂蚁的确可以用自己的脊背，去跟大象踩下来的蹄子互动；但若想让这种互动显得平等一些，那么基本前提首先在于，蚂蚁一定要提高自己的身量体重。——因此之故，在过去的年代里，中西之间在电影方面的对话，尽管展现过一些启发性的对等机会，却从未意味着基本的平等。即使把中国左翼电影极为辉煌的三十年代也考虑在内，中国电影的世界声望仍然极为有限。尤其是，中国自上世纪八十年代重新开放以后，西方电影的势能就更显出了无处不在的压力。中国电影因此而面临着两难：要么就闭关锁国自搞一套，而这种拒绝与世界对话的做法，已经使自己缺乏足够的杂交基因，乃至丧失了早先起步时的相对主动；要么就敞开国门紧跟潮流，而由此带来的渴望被承认的压力，又很可能使自己陷入东方主义的话语，不断地在别人的"识别预期"中丧失自我。

● 正是在这种两难中，"文革"之后才华出众且急于展露的新一代电影人，才在国际资本和国内官僚的双重压力下，以"试错"的方法发挥了有限的创造自由。仍然堪称"幸运"的是，在东方和西方、南方与北方的错位间，在文化猎奇和文化误读的基础上，以张艺谋、陈凯歌为代表的"第五代导演"，最终成功地杀出一条足以同时取悦国内外感官的血路，一时间探囊取物般地在重大电影节上频频得奖。

◎ 1985 年 8 月至 12 月间，《黄土地》先后在 4 个国际电影节上获奖；在第 29 届伦敦及爱丁堡国际电影节上，陈凯歌被授予"萨特兰杯"导演奖；第 7 届亚、非、拉三大洲电影节上获摄影奖；第 5 届夏威

夷国际电影节获东西方中心电影奖和伊斯曼柯达奖；第38届洛迦诺国际电影节获银豹奖，这些无疑促进了此片在传播渠道的影响力。1988年张艺谋执导的《红高粱》获得柏林电影节金熊奖。1989年张艺谋执导的《菊豆》获奥斯卡金像奖最佳外语片提名。1990年9月14日，张艺谋导演的故事片《大红灯笼高高挂》在第48届威尼斯国际电影节上获"银狮奖"，同时还获"国际影评人奖"和"艾维拉诺塔利特别奖"。2月19日，《大红灯笼高高挂》获第64届奥斯卡金像奖最佳外语片提名。此片在美被列为年度十大佳片。1992年张艺谋的故事片《秋菊打官司》获得第49届威尼斯国际电影节金狮奖。1993年陈凯歌导演的影片《霸王别姬》在第46届戛纳国际电影节上获得金棕榈奖；同年该片获得全美影评人协会评选最佳外语片奖。1994年张艺谋的《活着》获得戛纳电影节评委会大奖。《活着》的主演葛优登上了戛纳影帝宝座。接着，田壮壮的《蓝风筝》于东京电影节夺魁；第五代导演黄建新的《背靠背，脸对脸》、李少红的《血色清晨》《四十不惑》、宁瀛的《找乐》、刘苗苗的《杂嘴子》相继在欧洲、亚洲电影节上参赛、获奖。而张艺谋于1999年9月由威尼斯电影节捧回他的《一个都不能少》所获得的金狮奖，同年陈凯歌的《荆轲刺秦王》获第52届戛纳国际电影节电影技术大奖，仿佛构成一种直接的连续性，成为第五代电影走向世界、引起世界影坛聚焦的一个明证。[1]

● 似乎并非偶然，这些导演都在追求充满空间造型张力的镜头
  语言和富含诗意的散文化叙事风格；他们在完成一场"电影
  语言革命"的同时，也塑造出中国电影在国际大银幕上的代
  表性话语——乡土化的"民族寓言"。这种所谓的寓言，对于
  人们记忆犹新的历史，借助于某种"审美距离"进行了文学
  化的虚幻处理。其实稍微宽容点儿来看，正如曾经向他们提
  供文学脚本而最近又斩获诺贝尔文学奖的莫言一样，位于东
  西方之间的现实历史结构，只向当时的他们闪出了这个小小
  的缝隙，容许他们以魔幻现实主义而非经典现实主义的方法，
  半真半假地向观众讲故事。

● 尽管也为他们的成功而兴奋，也肯定常能感受到其镜头的魅
  力，然而国内批评家却从一开始就指出，这类电影太过迎合
  "西方对古老中国的想象"。当然，正如前述，在当时的局限
  状况下，受到商业和政治的双重压力，获得外资并在欧洲电
  影节上得奖，已经成为艺术电影的唯一出路，否则它势必退
  回"主旋律化"和"大众日常的琐碎化"。享有最大造梦手段

1　丁亚平：《中国当代电影史：I》，北京：中国电影出版社，2011 年，第 233—234 页。

的电影语言，曾被想象成"自由"跨度最大的艺术手段。但讽刺的是，竟只有介乎"东方"与"西方"之间、"艺术"与"商业"之间的一种不可说破的暧昧身份，才使这一代导演的艺术电影之梦稍得延续。

––––––––––––––––

◎ 张艺谋、陈凯歌的影片之所以广泛获得西方电影节认同，就是因了它们题材上的原始、落后、边缘。这样的批评声音，大都来自国内批评界对于国际电影节的想象。有海外的华人学者则认为：（影片存在）一些格式化但又是本质性或有魔力的成分：原始风景及其纯视觉之美（包括狂野的河流、山脉、森林、沙漠）；被压抑的性欲及其在性兴奋的叛逆时刻中的爆发（解读作"英雄主义"）；在情色、仪式或其他类型农村习俗中可看到的性别行为和性展示（包括同性恋、异性装扮癖、通奸、乱伦）；以及一个神话或循环轮转的时间框架，主角在其中的命运早已事先注定。这些影片确实存在"民俗学和自我民俗学"的倾向。"但是，如果我们做进一步的细查，可能会发现这种自我民俗学与其说是来自中国导演主动或自愿认同的结果，不如说是跨国经济高压或不平等权力关系的产物"。[1]

––––––––––––––––

1　丁亚平：《中国当代电影史：I》，第 236 页。

◎ 高密东北乡体现了中国的民间故事和历史。在这些民间故事中，驴与猪的吵闹淹没了人的声音，爱与邪恶被赋予了超自然的能量。

◎ 莫言有着无与伦比的想象力。他很好地描绘了自然；他基本知晓所有与饥饿相关的事情；中国 20 世纪的疾苦从来都没有被如此直白地描写：英雄、情侣、虐待者、匪徒——特别是坚强的、不屈不挠的母亲们。他向我们展示了一个没有真理、常识或者同情的世界，这个世界中的人鲁莽、无助且可笑。

◎ 中国历史上重复出现的同类相残的行为证明了这些苦难。对莫言来说，这代表着消费、无节制、废物、肉体上的享受以及无法描述的欲望，只有他才能超越禁忌试图描述。[1]

● 到了九十年代中后期，这种外来的压力又从反方向表现出来，当然也可以说，这反映出所谓的第五代导演已经在"全球化"的路上越走越远。随着国际名声得到公认，随着国内电影拍摄、发行、放映体制开始松动，这些人越来越多地沾染了西方大片的商业气息。他们的电影制作，形式开始重于内容，炒作开始

---

1 瑞典文学院诺奖委员会主席瓦斯特伯格："莫言诺奖授奖词"，见 http://wenku.baidu.com/view/736f7b68ddccda38376baf51.html。

重于创作，而技术和色彩的狂欢也开始取代深度的思考，对于好莱坞的期待，更开始取代对于欧洲电影节的期待。——这理所当然要引起越来越激烈的批评，认为第五代电影导演已经没有灵性了，或者已经没有热血了，已经在全球化压力下全面陷落了。

◎ 就在中国电影走向以欧洲为代表的海外电影节之时，1994 年，以好莱坞为代表的进口大片阔别中国四十余年后再次被引进，对中国电影市场产生巨大影响，直到八年之后（2002 年），中国才拍摄出好莱坞式的商业大片《英雄》。此时，奥斯卡取代了欧洲电影节，成为中国电影人的欲望之地。在这种从欧洲到美国的空间置换中，中国走向了更为彻底的产业化之路，经过十年的发展，中国电影产业已经成为仅次于好莱坞和日本的第三大市场。如果说八十年代中国还笼罩在一种对西方的整体想象之中，那么八十年代以来全球化的目标已经被缩小为美国，好莱坞成为中国电影产业发展的唯一参照。对于中国来说，如何在全球化时代进行中国电影的主体性建构是一个问题。[1]

1　张慧瑜："评丁亚平：《中国当代电影史》"，见《中国学术》第三十三辑，北京：商务印书馆，2013 年。

● 如果历史地和同情地看，第五代导演的明星效应和人脉关系，在特定的时空条件下，毕竟向世界证明了"中国电影"的存在，由此才给中国的"地下电影"预留了发展的空间。后者作为出现于九十年代的低成本和体制外的电影，脱离了官方的制片体系与审查制度，主要凭靠个人集资或欧洲文化基金会的资助，也主要指望着海外电影节和民间市场。在民间观片组织、互联网和盗版光盘的传播渠道中，这种"地下电影"以微弱的声音制衡着地上的"主旋律电影"，从而给中国电影的艺术性和丰富性，都追加了往往出乎意料的可能。

● 资金和体制上的缺陷，虽限制了他们充分地发挥才华，却也绝处逢生地使之获得了艺术上的个性，由此才有了群众演员、DV拍摄、同期录音、跟镜头、实景和长镜头等手法的运用。而且，他们正好卸下了"历史"和"乡土"的沉重包袱，把摄影镜头对准了最为熟悉的、干脆不需要摄影棚的"现代"和"城镇"。但另一方面，现有的制作条件和生存空间，也有可能迫使他们的作品再次沦为"表象全球化"之下的"地方性影片"；至少在现阶段，它们在制作上还相对幼稚和粗糙，所以往往只有在某些西方话语（如"不同政见"、"市民社会"和"公共空间"之类）的包裹下才引人注目。

● 这种风格上的刻意对立，会抢眼地表现在代际之间。比如，我本人在跟贾樟柯的当面对话中，就提到他跟张艺谋的一连串对立，而这些意见都已被速记下来了："比如他要表现农村，你就表现城市。如果他在讲一个完整的故事，你这儿就往往是很多片断。如果他在突出几个神乎其神的个人，你这儿就只是一堆木讷的群像。如果他那儿是传奇，你这儿就是日常。如果他那儿是主流叙事，你这儿就是私人话语。如果他那里在说英雄，你这儿就在说小人物。如果他那里偏爱相当夸张的戏剧性，你这里就流露出一种淡淡的抒情。如果他非要强调镜头的好看，你这里就偏要容忍画面的枯燥。如果他特别喜欢虚构，你这边就特别强调写实。如果他那边特别蒙太奇，你这边就多用长镜头。如果他强烈地追求票房，你这边就只给专家看。如果他是在讲天边外的故事，你就在讲我们周围的实情。如果他是在构造不知所云的古代，你就在描述我们身边的当代。如果他那边总是虚张声势地乐观，你这边就总是带有某种伤感。如果他总是在迎合权力，你就总是有点反权力。如果他给人的印象是刻意营造，你给我们的感觉就是信手抓拍，——当然，这种信手的感觉也可以是刻意营造的。也就是说，在所有的这些方面，你都给人一种反张艺谋的感觉。那么，这一连串势均力敌的对弈，究竟是我本人看出来的，还是你有意为之的、原本就符合艺术要求的自然行为？这究竟是有助于发挥你的想象力呢，还是有点局限你的想象力？……"

———————

◎ 他们在影片主题与叙事方式上，有意规避和消解第五代电影的话语
模式与叙事态度，但他们从一个侧面恰巧又喻示并证明了第五代电
影的内在生成力。他们"先锋也保守，边缘又主流，因此很复杂"，
他们的影片特点鲜明，富于前卫意义，但他们的探求与追索，还要
走过一段相当长的旅程。从张元的"地下"电影《妈妈》、《北京杂
种》、《广场》、《儿子》、《东宫西宫》，胡雪杨的《留守女士》、《湮
没的青春》、《牵牛花》，娄烨的《周末情人》、《危情少女》，管虎
的《头发乱了》、《都市情话》，到李欣的《谈情说爱》，章明的《巫
山云雨》，王小帅的《冬春的日子》，阿年的《感光时代》、《城市爱
情》，路学长的《长大成人》，何建军的《悬恋》、《邮差》，以及稍
后的张扬的《爱情麻辣烫》、《洗澡》等，大都尚不够十分成熟，也
缺乏相对统一而明确的美学风格，但它们以前卫性姿势和比较客观
的视点，描写置身"边缘"的一群边缘人的边缘生活，往往拍得比
较精致而流畅，镜语充满才气，色彩鲜明，叙述带有明显的情绪化
倾向，结构散文化，有时还采用了纪录片或 MTV 手法，显示与众
不同的视听风格，呈现出了较强烈的探索性趋向。[1]

———————

1　丁亚平：《中国当代电影史：I》，第 295 页。

● 再从艺术上讲，另外一种湮灭的危险则是，在国外资金涌入、国内体制松动等多种因素的促发下，在国内电影市场的巨大诱惑下，新一代的导演完全可能学着第五代的榜样，以妥协为代价而受到招安，从"地下"走向"地上"，从"民间"走向"主流"。在这方面，有些年轻导演居然毫无心理障碍的转折，让人不得不怀疑他们一开始的动机就未必是在纯粹艺术的方面。

● 动静更大的还在于，正当中国电影"走向世界"之时，国外电影也正"走向中国"。1994 年起，在中国电影业的低谷中，为了把观众吸引回电影院，政府决定每年进口 10 部大片，2002 年"入世"后更改为 20 部。而根据最新的报道，中美很快又要就此达成新的协议，内容包括：第一，中国将在原来每年引进美国电影配额约 20 部的基础上增加 14 部 3D 或 IMAX 电影；第二，美方票房分账从原来的 13% 升至 25%；第三，增加中国民营企业发布进口片的机会，打破过去国营公司独大的局面。作为所剩不多的国家竞争力的标志，美国当然要靠好莱坞大片来扩展自己在中国的财源；而反过来说，这些大片足以拉回观众的票房价值，其实也是中国方面的主要考虑因素，所以在这方面可以算是"双赢"。只不过，这种赤裸裸的由市场化所推动的改革开放，突出地说明，是"票房"而非"艺术"，业已成为衡量电影的第一标准。

◎ 如果说八十年代是中国社会主义电影体制最后的"黄金十年"（社会主义体制处在改革与逐渐瓦解的时期），那么八十年代后期至九十年代则是中国电影遭遇重创的时代：1993 年国产影片生产下降 50%、发行收入下降 40%，1994 年电影观众从 1979 年最高峰的 293 亿人次下降到 3 亿（中国社会也经历激进市场化所带来的"分享艰难"的时代）。新世纪以来随着加入 WTO、中国电影进行更为彻底的市场化改革，城市电影观影人次从 2002 年到 2011 年由 6500 万增加到 4 亿、票房从 9.5 亿到 131 亿元（中国经济也成为金融危机时代的一枝独秀，2011 年超过日本成为全球第二大经济体）。[1]

● 由此又看出，在全球化的背景下，电影市场化所带来的两难处境："好莱坞大片的引进确实令国产电影的市场生存空间比例大大降低。中国电影因此处于本土化要求和利益相互冲突抵牾的情境之中。假使我们把市场和创作结合起来，就会发现一个矛盾现象：一方面是好莱坞在中国电影市场与观众观影活动中变得非常重要；另一方面，电影创作的民族主义诉求与保护本土本国电影的制度化要求，又可能'蕴藏着排拒全球

1　张慧瑜："评丁亚平:《中国当代电影史》"。

文化实践所积累的普适经验的危险'，使得中国电影仅仅退守在局部作用有限的创作领域而毫无作为。"[1]

● 电影这种文化项目，似乎最能展示全球化的凯歌行进。然而上述的分析却无情地提醒我们，这说到底仍是怎样的一种全球化：在西方观众从银幕上重温着他们所要求的中国形象的同时，中国观众也在银幕或电视屏幕上重温着被灌输的西方形象。因此，这种情景也许最能体现出当今这种全球化所蕴含的风险——它很有可能仅仅是一种单极的全球化，一种以西方为中心的全球化，一种更加剥夺多元的全球化。

◎ 法国作家克洛德·卡雷尔说，欧美之间"正进行着一场真正的影视大战"，因为双方的"文化体制截然不同"。美国文化"追求商业性"，甚至"不择手段"地追求"征服世界的目标"。西班牙巴塞罗那历史学教授罗曼·古贝尔恩尖锐地指出，文化全球化不应该成为"美国化"。但是，当今美国文化几乎"独霸"全球影视市场。发展中国家"无法生产"自己的文化产品。它们只能在"全球市场发行和传输"美国的文化产品。古贝尔恩说，美国文化产业的"逻辑"

---

1 丁亚平：《中国当代电影史：I》，第 273 页。

是，"以更多的银幕、更多的频道、更多的播放时间"来"增加"全球文化市场"对好莱坞的依赖程度"。他认为，美国的这种"霸权主义"的文化传播手段出于"一系列的战略和商业政策"的考虑，其结果导致欧美文化交流领域内的"严重失衡"。而对发展中国家来说，美国的文化传播手段则是一种"强夺"。[1]

5. 熊胆

● 全球化对传统生活的冲击，有时表现为台前的震荡，有时则表现为幕后或背景中的洗牌，前者轰轰烈烈引人瞩目，后者悄无声息难以察觉。然而，由于总体生活背景的变迁，传统文化的固有因子就算不被彻底粉碎夷平，也必须放到新的参照系下另行诠释，这就使很多以往不可稍离的东西，或者原属正常的东西，要么被放大，要么被缩小，要么变得可有可无，要么忽然显得刺眼。——只不过，对于这种不知不觉的变化，人们更难予以历史地看待，往往误以为那全都是传统本身的错。

● 春节期间的烟花燃放，就是这方面的突出例子。如今，这种从

---

1 见百度百科的"文化全球化"词条，http://baike.baidu.com/view/2883996.htm。

驱邪旧俗中孑遗下来的、对于热闹声响的节日记忆，作为华族的独特喜庆方式，显然已被现代化的生存手段相当程度地带入了荒谬。试想，即使后来有了火药的发明，得以用"炮仗"代替"爆竹"，过去时代的烟花爆竹也决不会有今日之阵势，而当时房屋的土木结构也受不了过大的火烛危险。然而，主要由于现代技术的放大，也因为炫耀财富的攀比心理，一旦这种传统因子被带入当代，竟使全城顿时陷入硝烟火海，而完全失去了疏密有致的间歇与韵致，——所以如果说句玩笑话，此时若有外星人拨开云头，还会以为爆发了全面的战争！

- 另一方面，让人一时又不忍割舍的是，这种噼啪作响的爆竹声音，在众多的节庆文化符号中，偏又属那少量尚且残存者，缺少了它，"年味"就更寡淡。所以现在的困境是，燃放它当然很让人头痛，禁放它又觉得很是无聊，只有姑且先皱着眉头，去号召"理性的"限放。——而可以预料的是，在本已污浊不堪的大气中，随着环境危机日趋敏感，人们对于这种本已变了味儿的、基本上只意味着"麻烦"的民俗，肯定会越来越兴味索然。

- 传统文化在现代生活中的此类尴尬，同样凸显在动物的食用特别是药用方面。事实上，华夏一族的固有生活方式，经过文明落成中的反复试错，业已延续了数千年之久，原本处于正常的延续状态。所以，就算它和其他人类文明一样，食用了相当种类与数量的动植物，这个民族也并没有毁灭过大自然，而各个物种总体上也都环环相扣，相安无事。此外，由于大面积牧场的天然缺乏，也因为对于大豆蛋白的巧妙开发，生活在东亚的这些"四千年的农夫们"，肯定比那些游猎民族少进食了很多动物蛋白，——对于这一点，可以从体质人类学那里找到不容置疑的证据。

● 那么，究竟怎样从本土价值的角度，反思这种进食中的"必要的残忍"呢？首先应当看到，在达尔文生物学的意义上，人类的自我演化过程，到了出现儒家思想的时候，早已攀越到了食物链的顶端，——既有能力吃掉所有的物种，也有能力不被其他物种吃掉。所以，对于这个强调"以人为本"的学派来说，它获得的文化前理解就是，如果不指靠对于其他生物体的进食，包括对于动物的围猎、驯养、宰杀和烹饪，那么，这个"以为人本"的"本"字，根本就不能建立起来。既然如此，这个一贯强调"信而好古"的学派，当然会尊重上述人类学意义上的既有的采食传统。

● 此外还应看到，正是在长期进化的历史中，处在食物链顶端的人类身体，到了儒家发出运思的时代，在固有进食习惯的导向之下，已然"用进废退"地丢掉了自身合成相应营养素的能力，而必须从其他生物体那里摄取。马文·哈里斯（Marvin Harris）的《好吃：食物与文化之谜》（*Good to Eat: Riddles of Food and Culture*）一书，已经就此很有启发地揭示出，即使是生活在佛国印度、真心信奉释迦的素食主义者，也不可能彻底贯彻泛爱的"洁癖"，而要靠进食的菜叶上未曾洗净的虫卵，来不自觉地获取某些必要的营养素。正因为这样，后来有某些印度贵族一旦移居到英国，真正进食洗得一干二净的素食，马上就会因为某种维生素的缺乏而患上坏血病。

———————

◎ 对于比较解剖学家而言，人类如今的身体构造，清晰地显示出人是一种典型的杂食动物。我们既拥有肉食动物的犬牙，同时也拥有草食动物的磨牙。但是无论犬牙和磨牙都无法与专属性的肉食和草食动物相提并论，更不用谈我们缺乏肉食动物那锐利的爪子，以及草食动物面部必有的强大咀嚼肌和这些肌肉所依赖的骨头。我们的胃肠道特性也介于草食动物和肉食动物之间。这两类动物因为食谱的巨大差异，所需要的消化时间差别甚大，草食需要更大的吸收表面积以及更长的肠道，常为 12 倍以上，而肉食动物的肠道要短得多，大约为动物身长的 3—6 倍。人类的肠道长度则介乎其中，大致为 8—12 倍。依据以上特征，比较解剖学家，就可以相当有把握地断定，人类必然是一种杂食动物，因为他的身体之所以长成这个样子，一定是为了满足相应的需要或者不再需要。[1]

● 实际上，《金光明经》中所谓"舍身饲虎"的故事，说明印度人同样意识到，处在进化过程中的个体，在进食方面的调节余地是很有限的，正因为这样，小王子摩诃萨埵才只好用自己的血肉之躯，去喂食那只"产生七子，才经七日，诸子围绕，饥渴所逼，身形羸瘦，将死不久"的母虎；也就是说，在这个故事中，由于受到固有进食习性的致命制约，那只肉食的老虎反比其他杂食类的动物更加难以熬过饥饿，因而也更加可怜。出于同样的道理，在李安新拍的电影《少年派的奇幻漂流》中，尽管那位印度少年可以虔诚地茹素，但他为了喂食那只同命相连的孟加拉虎，却不得不大开杀戒进行渔猎活动，尽管他会因为心理障碍的艰难跨越，而在完成宰杀活动以后再去痛哭一番。

1　三思逍遥："杂食者言"，见 http://blog.sina.com.cn/s/blog_6a351f830101d1sz.html。

● 然而，儒学的原则又不止于此：它既是强调"以人为本"的，又是主张"物吾与也"的。也可以说，它是在前者的基础上，进而发挥出了后者，要求尽量善待这个世界，特别是其中的其他生物。即使只从"以人为本"的角度来考虑，宰杀动物的嗜血行为，也会作为一种残暴的惯习，败坏人心的慈爱与同情，反过来影响到人间的和谐。由此，尽管在人科动物的演化中，必须"残忍地"取用某些其他动物，然而对于儒学思想家来说，这种取用却必须是有节制的。——也就是说，它必须体现为受到谨慎控制的"必要之恶"。

● 正是在这样的背景下，才产生了儒家"君子远庖厨"的说法（见于《礼记》和《孟子》），这是在面对"必要之恶"时，所作出的左右为难、无可奈何、小心翼翼的权衡。也就是说，正如某些其他残忍、血腥或污秽的必要行业——如行刑、接生或打扫厕所——并不要所有社会成员都每天目睹一样，一般人尽管不可能完全禁食动物，却也不必同残忍的屠宰场面进行日常的接触。事实上，自打进入文明社会以后，人类就养成了掩饰某些太过赤裸的"动物性"的习惯，并由此才觉得自己更有"人性"，否则就不需要任何内衣、厕所和床帐，干什么都可以公然透明了！

◎ 孟春之月……东风解冻，蛰虫始振，鱼上冰，獭祭鱼，鸿雁来。……是月也，命乐正入学习舞，乃修祭典，命祀山林川泽牺牲毋用牝。禁止伐木。毋覆巢，毋杀孩虫、胎、夭、飞鸟，毋麛毋卵，毋聚大众，毋置城郭，掩骼埋胔。[1]

● 此外也不难想象，随着驯养手段的不断进步，人类社会肯定要区分出"家养的"和"野生的"动物，以及"主要用来吃的"和"基本不用来吃的"动物。既是出于生态环境和永续发展的考虑，也出于抑制残忍性的考虑，孔子提出了"钓而不网"和"弋不射宿"的主张。——后一命题所体现的"将心比心"的同情心，已经可以使我们联想到，越是"拟人化"的动物，在"必要之恶"的衡量天平上，其"恶"的程度就会大一些，故而对其"必要性"的检验，也就愈加严格一些。

● 由此还不难想象到，在任何人类文明的食材范畴表上，"吃人"都肯定是最不能被接受的，因而才会有所谓"吃人生蕃"之说，而"吃猴子"或者猩猩肯定会是第二残忍的，余下的则可据其"拟人"的程度类推，直到那些形象太过凶恶、肮脏

1 《礼记·月令第六》，见王文锦：《礼记译解》，北京：中华书局，2001年，第197—198页。

再造传统：带着警觉加入全球

或丑陋的动物，如老鼠、鳄鱼或毒虫，大多数人会对此感到反胃，这就构成此种外推的极限了。——这进而意味着，沿着不同的价值体系、文化传统、物种资源和路径依赖，各个文明可以从人自身出发，对于动物进行不同的种类区分，从而形成各具特色的、不分高下的、不可完全通分的"物之序"。

● 基于此类各不相同的"物之序"，有本美国人类学著作才会开玩笑说，如果美国人当年主要是进食狗肉的，那么开发中西部的牛仔就会失去动力，从而美国的开国史就要重新书写了。——同样是基于此类各不相同的"物之序"，正在托尔斯泰笔下鏖战的俄国名将库图佐夫，才会拍着胸脯兴奋地大叫："法国人也会有这个下场！相信我的话，我要让他们吃马肉！"实际上，只有从这样的前提出发，才能理解为什么在欧洲人看来，悄悄地用马肉代替牛肉，竟是如此重大和不可接受的丑闻。

◎ 长官开始训话。他说，紧急状态还没有结束，因为中国军队仍然驻留在印度的神圣领土上。长久以来，印度人民在某些政治人物误导下，沉溺在非暴力主义的理想中。如今，国难当前，印度人民必须振作起来。长官为了唤醒民众，首先诉诸农民的爱国情操，接着向在座的民众分析中国对印度造成的威胁。他声称，以印度的任何

一套标准来衡量，中国人都是"不洁"的民族。他们吃牛肉（这是对在座的印度教徒说的）；他们吃猪肉（这是对听众中的穆斯林说的）；他们吃狗肉（这是对全体印度民众说的）。中国人什么都吃：猫肉、老鼠肉、蛇肉——全都被他们吃进肚子里。[1]

● 平心而论，尽管各文明的食材范畴表不尽相同，然而真正足以毁掉生物多样性的，还要算是从西方传来的现代性本身。——可怕的是，有了充其量只能"免而无耻"的现代性，即使是过去行之有效的约束，特别是道德的约束，现在也已经不再生效了。姑以如今只是代表残忍的象牙为例，在"无孔不入"的人心状态下，只能禁止所有的象牙开发，甚至把缴获来的象牙也要付之一炬，而不是像以往那样，主要利用死去或脱落的美丽象牙。于是，人类文明在这个特定的侧面，就不得不苍白一把了，再也不可能延续那么精美的牙雕艺术了。

● 更重要的是，现代性所代表的高度技术，也带来了很多意外的困惑。比如，其实以往对于鱼翅的食用，又有多少是基于

---

1 ［英］V. S. 奈保尔:《印度三部曲 I：幽暗国度》，李永平译，海口：南海出版公司，2013 年，第 304 页。

　　　　　　　　　　　　　　再造传统：带着警觉加入全球

出海猎杀的？恐怕渔夫们当年根本就做不到，而主要还是取用主动搁浅的（或偶然误捕的）鲨鱼，——要是连这样的鲨鱼肉体也不准食用，岂不是白白浪费宝贵的、业已到手的资源吗？还有，要是无论怎样得到的鱼翅全都在被禁之列，那么亚洲地区对于这种充满了想象力的美食的精细开发，以及由此表现出的高雅膳食文化，岂不是又要被迫苍白一把吗？

● 这就说到了本节的重心。——糟糕的是，在中国传统的"物之序"中，向有所谓"药食同源"的说法，而这样一来，在动物食用方面的上述限制，也就要体现在动物的药用方面。然而，中国医药主要能够利用的药材，无非是植物性药材和动物性药材。由此，对于动物性药材的这种外来疑虑，就会使中医这种早已式微的文化，遭到更加严峻的、釜底抽薪式的危险。

● 这里的关键根本就跟伦理道德不沾边，无非是反映了传统文明跟近代文明的冲突。后者受它的本性所规定，当然想不到这样利用动物和植物，因为它眼里原没有如此缤纷而多样的、充满神奇功效的、值得以"神农尝百草"的精神去探险的那个自然世界！——就此而言，从文化相对主义的角度来分梳，只有农耕社会中的人们，才会有农耕社会的先入之见，他们更喜欢草本的、天然的东西，哪怕是把它们掺在牙膏里面。然而，就像不久前围绕"甜叶菊还是阿斯巴甜"的争论所反映的，工业社会中的人们，也会有工业社会的先入之见，他们宁可相信合成的东西，特别是当这种人造的东西跟大工业的利益连在一起的时候。

————————

◎ 自上个世纪 70 年代末起，我国许多地方开始引种栽培甜叶菊，并进行应用研究。到 1983 年，我国已能生产出含甜甘纯度在 90% 以上的甜叶菊精品。目前，中国已成为全球最大的甜叶菊生产与出口国，占据全球市场的 80% 以上。在我国众多出口农产品中，甜叶菊是世界市场占有率最高的深加工农产品之一；每年甜叶菊的产量在 3500 吨左右。……然而，据海外媒体报道，香港特区食环署不久前两次宣布，全面停止出售，并紧急回收香港市场上销售的 14 种含有"甜叶菊糖甙"食品，违者最高将判罚款 5 万港元及入狱半年。此前，新加坡政府也下令回收 6 种有关食品。据悉，美国和欧盟也已把甜叶菊甙列为不安全食品添加剂，禁止使用。

◎ 如果任凭回收甜叶菊糖食品的风波蔓延开去，必将对我国甜叶菊糖业造成巨大冲击。在中国入世承诺放开农产品市场的大前提下，旧事重提，而且来势迅猛，有着特别的深意。中国甜叶菊协会有关人士指

　　　　　　再造传统：带着警觉加入全球

出，突然降临的风波，不仅对中国的甜叶菊出口、相关种植业带来危害，还可能最少导致三万农户破产，甜叶菊种植户将会血本无归。[1]

◎ 亚洲部分国家对甜味剂的观点与欧美国家存在大方向上的分歧，就像西方国家难以接受中成药一样，他们认为在人为控制条件下生产的合成甜味剂比从天然植物中提取、包含许多功效不明确的混合物甜味剂要安全得多。"甜菊糖"就是一种天然的混合型甜味剂，因此被西方国家不信任，在我国却因同一个原因被确立为"扶植、鼓励"的健康型甜味剂。

◎ 郑教授进一步指出，即使国外科学家实验得出"致癌"或"有毒"的结论，也不一定完全科学。比如有的实验是在甜味剂超量、动物实验等特定环境下得出了极端结论，并不适用于人们正常饮食。用这些办法，即使拿人们普遍食用的食盐做实验，也不一定能逃脱"有毒"的结论。此外，有的国家禁止某种外来甜味剂还可能是要设置贸易壁垒。[2]

● 事实上，前些年早就围绕着虎骨的药用，发生过这样的争论

---

1 "我国三万甜叶菊农路在何方"，载《中国特产报》2002 年 7 月 19 日刊。
2 "甜菊糖甜得安全吗"，载《科技日报》2002 年 4 月 1 日刊。

了，而其结果简直让人无所措手足：居然就连人工养殖的虎群中，哪怕是过了生育期的，甚至到了淘汰年龄的老虎，都一概被禁止采用了。由此，所有需要这种药材的病人，只能自叹命苦了。——而近来，围绕"活取熊胆"的舆论风暴，则沿着上述的分析话语，更加凸显了这样的危机。当然，如果仅仅为了自己的口腹，那么对于如此可爱的、如此"拟人化"的动物，我们绝对是应当放过的。不过，一旦说到"药用熊胆"的问题，正像那句有关"鱼和熊掌"的古语一样，我们却最好谨慎一些，充分意识到其间的两难权衡。

● 一方面，当然应该看到，就像眼下能使全城陷入火海的爆竹一样，就算熊胆曾是一味珍贵的中药药材，恐怕照现在这个样子进行大规模活取，也属于现代性对于传统因子的灾难性放大。而另一方面，正因为这样，就更应当小心地留意，此间的关系是非常复杂微妙的，并非只表达了现代意识对野蛮古代的趾高气扬的宣判。由此，我们就应当劝诫传媒，决不要一味追随西方舶来的最新教条，简单地把当今时髦的动物伦理原则，套用到对待动物的"必要之恶"上。很有可能，这类一刀切的简单做法，会像电影《刮痧》的情节那样，粗暴地造成新的文明误伤。

再造传统：带着警觉加入全球

● 的确，跟前述鱼翅、象牙等的情况相似，也跟藏羚羊的当代命运相似，以往对于熊胆这种动物性药材，恐怕不可能出现这么大量的利用，仅仅是偶然捕猎到的稀罕物。相形之下，如今现代化工厂中的"活取熊胆"技术，也确实有它残忍的一面，——即使我们姑且相信厂家的说法，这些动物自身是并无痛感的，但毕竟它们身上带着永久性的人工创口，由此带来的社会观感肯定不好。

● 不过，如果纯粹从医学的角度，相对于治病救人的目的，这确实属于某种"必要之恶"，那么，媒体为什么不去履行"君子远庖厨"的原则，而一定要大张旗鼓地放大它呢？——那些惯会炒作的记者们，为什么不去放大更加残忍的屠宰场呢？为什么不去放大更加恐怖的解剖课呢？（想想伦勃朗笔下那幅引起争议的名画吧！）或者反过来说，我们的记者当真就认为，把那些黑熊全都进行"杀鸡取蛋"般的处理，一次性地剥夺它们的生命，就一定是更加可以接受、更加符合动物伦理的吗？

● 所以，相关的问题是非常复杂的，绝对存在足以带来不同结论的其他侧面：要是不顾一切地沿着别人的"物之序"走下去，只怕建立在以往生活世界中的祖国医学，也就彻底走到自己的尽头了！——由此必须认识到，跟这个保护"生物多样性"的严峻问题搅在一起的，还有个保护"文化多样性"的更加要命的问题！

◎ 可口可乐的配方中含有咖啡因、古柯叶等现代人看来有毒的成分，可是可口可乐还是畅销全世界。关键是可口可乐公开了它全部的组成配料，保密的只有占不到1%的"7X商品"。

◎ 2月5日，香港卫生署检出云南白药5个品种含有可能带有毒性的乌头碱，要求予以回收。可是云南白药在内地并没被要求收回，相反，同日国家食品药品监督管理局称，已经关注云南白药安全性问题，未发现严重的不良反应报告。

◎ 一味古老的中药或者说今天药品市场上一款驰名商品究竟其中含不含毒？其还能不能生存下去继续畅销于国内外药品市场？这两个问题关系到配方保密权和市场透明权的矛盾。

◎ 国家药监局称，云南白药配方中含有乌头碱类物质的药材，经过炮制，可使毒性大大降低。云南白药公司也这么认为。然而销售于市场的云南白药并没有注明其含有多少乌头碱，更没有精确量化含有毒性多少。

◎ 如果云南白药中所含毒性微不足道，可以说香港方面要求召回是小题大做；但是如果因为没有标明具体成分、没有相关提醒而使患者超量服用中毒，又可以说相关部门是蔑视消费者权益乃至生命。

◎ 公开云南白药配方当然可以避免这一切。可是云南白药的核心竞争力便来自配方，在现代世界药品市场上拥有毫无争议的自主知识产权。[1]

● 那么，除了别的理由和关系之外，在动物的食用和药用问题上，还应从跨文化的开阔视野去发现潜藏的外来文化压抑。——等到我们把虎骨、麝香、熊胆、犀角，乃至牛黄、鹿茸、蛇毒、虫草等等，全都给废除干净，那么，中医的治疗效果更要大打折扣了，而我们此后也就别无选择，只有巴望着西方的实验室医学，看看它还有什么最新的发现，从而永远给它们的专利上税去了。

◎ 2011 年 2 月 25 日，《刑法修正案（八）》对生产、销售假药罪作出了修改，将"足以严重危害人体健康"删去，侵犯的犯罪客体从"人的身体健康权利"变成了"国家对药品的管理制度"，该罪因此从结果犯变成了行为犯，即只要实施了该行为，即使没有严重危害

---

1 "云南白药如何既保密又透明？"，载《新京报》2013 年 2 月 8 日刊。

健康也构成犯罪。

◎ "我把癌症病人治好了，也是犯罪？"倪海清不服。他对自己研制
的中草药被认定为"假药"，很是反感、厌恶、排斥；相反，对其
药效十分自信甚至过于自信。根据他在法庭上的供述，至今为止，
大约"救治"了数百个晚期癌症病人。

◎ 为了证明他的药不仅无害反而有效，黄振兴曾向一审法院申请，让
曾接受倪海清治疗的其中 10 位患者出庭作证。法庭以病人的疗效
与本案无关为由拒绝了申请。[1]

6. 体育

● 与上面的话题紧密相连，再来顺势看看有关"体育"的问题。
事实上，和现代汉语中"社会""艺术""哲学""主义"等词
的情况一样，这个看上去对应于英文 Physical Education 的汉
语词汇，同样是近代取道于东瀛的西方外来语，而并非中国
古代的原生说法。也许，正由于它有这样的外来词源，人们
眼下一提到"体育"二字，马上让西方话语占了上风，随即

---

1 "男子用秘方救治数百癌症病人 因未经审批获刑"，载《中国经济周刊》2013 年 5
月 21 日刊。

想到了它的另一英文对称——Sports，从而也就想到了运动员们于狂热欢呼声中所进行的你输我赢的竞技活动。

● 不过，顾名思义地反思 Physical Education 的本意，总不外是指人们为增强本身的体质以及与之相应的技能而施行的自我训练吧？如果从这个意义上讲，那么这类对于身体的自我训练，尽管其表现方式大相径庭，却不会是唯西方独有的孤立现象。比如，源于古代印度文化的瑜伽，就属于印度六大古代哲学派别之一，而且，这种包括了调身的体位法、调息的呼吸法和调心的冥想法，并且旨在达到身心合一乃至梵我合一的修身养心之法，早已风靡于包括西方本身在内的全世界了。——当然可以说，从中国的独特文明语境中，也产生出了相当发达的"体育"活动；这同样是因为，尽管我们在古代文献中找不到"体育"这样一个专称，却可以发现大量与强身健体有关的锻炼方法和教育活动。

● 然而，由于西方文明向着全世界的强势席卷，我们又不能不承认，那种源自古代希腊的竞技体育，目下已成为全球化运动之最普及的标志。而且，也正是在这种"全球化"的大背景下，才激发出了中国的"体育爱国主义"运动。——为了甩掉羞辱性的"东亚病夫"的帽子，从而哪怕只是在象征的虚拟的意义上，显得像是自立于世界民族之林了，现代中国人已把所谓"奥林匹克战略"，径直当成了"身体教育"的代名词，甚至由此弄出了很不协调的反差："举国体制下金牌战略的辉煌成绩，和公共体育设施的极度缺乏，乃至国民健康素质的不容乐观，构成了一对很反讽的矛盾。"[1]

———— ——

◎ 在当今世界的差序格局中，足球所以能引起国人持久的激动，又在于它作为参与面最广的运动，既是发达国家最愿意保持优势的项目，又是发展中国家最巴望后来居上的项目。换句话说，正因为"足球强国"最肯"较劲"，而"足球弱国"又最想"叫板"，仿佛彼此都想以倾国之力一拼高下，这球才踢得更来情绪，一旦输了才更肉疼，万一赢了才更过瘾。无论如何，这才是足球最无可取代、最惹人着魔的特点：它太贴近我们的族群记忆，太类似当今的天下大势了！[2]

● 正是为此，才更需要正本清源性的思考。从更加深层的学理来说，自从以"科学"为主要标志的西方文明以一种超然和普世的姿态席卷全球，到底是由"科学"来涵盖"文明"，还

1　刘东："大国之'大'：王道还是霸道"，见《道术与天下》，第 18 页。
2　刘东："足球与族群意识"，见《理论与心智》，第 317 页。

是由"文明"来涵盖"科学",换句话说,究竟"文明"是属于"科学的",还是"科学"是属于"文明"的,就一直迷惑人们的头脑。一方面,持前一种观点的人们,自然要基于具有"普世"价值的"科学",去研究和剖析各种具体的、只有相对意义的"文明";而这样一来,往往悄悄地掩盖了,他们是在以西方的有色眼镜来看待和漠视其他的"文明"。可另一方面,隶属于不同"文明"的各种医学"科学",却又雄辩地演示出了问题的反面,从而有力地支持了后一种观点,因为倘没有各大"文明"的前理解,干脆就发现不了迥然不同却又确凿存在的另类身体事实,更谈不上准此而发明出不同的医学体系。

———————

◎ 无数出土的莎草纸文稿让我们得以看到埃及人的外科医术。从这些文稿中我们得知,四千多年前法老时代的外科医生已经成功地治疗头、鼻、颌骨、耳、唇、咽喉、颈、脊柱和胸等身体各部位的伤。除此之外,根据赫斯特莎草纸文稿(Papyros Hearst)的记载,埃及人还可以固定松动的牙齿、给骨折的四肢上夹板,以及有效地处理化脓的炎症、动物咬伤、挫伤和其他很多种损伤。[1]

1 [德]伯恩特·卡尔格–德克尔:《医药文化史》,姚燕等译,北京:三联书店,2004年,第4页。

● 正如晚近热门的纠偏研究所揭示的，在多元取向的人类文明进程中，从未就作为主体的身体达成过共识；恰恰相反，我们的看似仅仅具有生物性的身体，从来都表现为多种文化想象的承载体。由此就不难理解，在不同的文明共同体内部，由于文明语言的不同和路径依赖的分岔，人们对于身体的想象自会不同，并且由此而产生了不同的医学可能。只要打开世界的医学史，很容易从中读到，伴随着多元开化的人类进程，至少产生过四大医学传统，即古代的埃及医学、印度医学、中国医学和希腊医学。不消说，既然医学传统并不相同，它们对于身体的解释不尽相同，那么，对于"健康"的理解亦各自不同，这更进而决定了，向"身体"所实施"教育"的内容同样会显出相当的歧异。只不过，随着西方文明的世界性扩张，只剩下希腊医学的余脉一枝独秀了；中国古老的医学传统，尽管尚未像其他非西方传统那样，彻底地陷于衰亡或弥留之际，却也在西医话语的重压之下，先从"中医"萎缩成了"中药"，又从"中药"萎缩成了"中成药"。

◎ 有趣的是，中医也有与印医相似的肉身观。中医认为人体中存在着脉络，称作"脉"。针灸扎的点穴即由脉所决定。根据传统说法，人体中有 12 根常规脉，有 8 根不常规脉。尽管包括针灸的中医近来已成

为医学研究的热门领域，可它仍很难对当代医学产生影响，因为其肉身观同已广为人们接受的生理学原理大相径庭。从解剖学上说，并不存在与脉相对应的脉络。尤其是中医，它全然忽视了体神经和自主神经之间的区别。以皮质为中心的体神经向四肢分布，而中心位于皮质之下的自主神经则分布在内器官中，后者是从脊髓向下缓斜分布到胸腔和腹腔。而脉则被说成是从指尖开始，一直走到一个个脚趾的。这种系统当然无法得到解剖学的认可，现有生理学也对其效用无可奈何。尽管如此，对脉所具有的治疗意义却是无可非议的。[1]

● 在这样的背景下，尽管此处只限于谈论"体育"问题，仍然需要特别小心地提防：中国古代体育的某些部分，的确跟当今流行的体育活动相类似，然而这并不意味着，我们只要把过去的健身项目排列起来，看看其中哪些还能纳入现代体育的范畴，就算是讲清了中国古代的体育。相反，必须更具高度地认识到，中国古人特有的体育文化，作为他们须臾不可离身的生活方式，作为同古代思想相交融的体验宇宙与人生奥秘的实践功夫，乃是整个文明系统的有机组成部分。它仅仅镶嵌于中国文化的总体背景中，具有不可归约为外来体育观念的独特境界。所以，如果认识不到贯穿于这种活动中的内

---

1 ［日］汤浅泰雄：《灵肉探微：神秘的东方身心观》，马超等编译，北京：中国友谊出版公司，1990年，第194—195页。

在精神，即使我们把它们的全部细节都再现出来，仍然算不得把握了它的真谛。

● 简捷地说，中国古代体育的精神底蕴，正在于所谓"阴阳调谐"四字。也就是说，古人把宇宙间的一切，包括人体自身，都看成是由对立力量之消长所导致的大化运行，而又于此天道流变的过程中，去努力把握和守护某种不变的平衡状态。有了这种独特的价值准则，自然就有了中国独有的"健康"概念，从而步步接引出相对封闭于其他体育体系的独特健身体系。——从外部关系来看，它不是号召人对自然的独立、挑战与对抗，而更强调两者的同构、融洽与顺遂。由内部关系来看，它也并非判然划定体育和智力发展的界限，而更追求身体和精神能够在同一过程中得到营卫和颐养。正因为这样，我们不妨说，中国古代的养生健体之道，正是人们默契天道的路径和悦智悦神的方法。它从根本上堵住了人们通过锻炼后落得"四肢发达，头脑简单"的可能。这是它与外来体育文化的本质不同之处。

———————————

◎ 东方身心观着重探讨下述问题，如"（通过修行）身与心之间的关系将变得怎样？"，或者"身心关系将成为什么？"等。而在西方

再造传统：带着警觉加入全球

哲学中，传统的问题是"身心之间的关系是什么？"换言之，在东方经验上就假定一个人通过身心修行可使身心关系产生变化。只有肯定这一假定，才能提问身心之间的关系是什么这一问题。也就是说，身心问题不是一个简单的理论推测，而是一个实践的、生存体验的、涉及整个身心的问题。身心理论仅仅是对这种生存体验的一种反映而已。[1]

● 有些作者不仅想要到尘封的史料中翻拣，寻找可资比附"西方体育"的东西，还似是而非地准此讲出许多"中国第一"来。其中最具代表性的例子，就是举出随着胡风而一度传进中土的蹴鞠活动，来证明古代中国才是"足球的故乡"。这类做法，尽管从表面上来看，好像是给中国人争来了一点面子，然而由于它在骨子里还是以西方体育体系作为衡量标准，所以终究忽略了中国体育的真正优点和特长。——比如，还是针对这种把古代中国讲成是现代足球发源地的牵强说法，我们不禁要问：既是如此，那么足球到底为什么会在中国丧失了传承的基础呢？为什么中国人至今还在体质上和心理上表现出对这种活动的左支右绌呢？

---

1 ［日］汤浅泰雄：《灵肉探微：神秘的东方身心观》，第 2 页。

● 实际上，根本用不着像那样生搬硬套。文明与文明之间，原本是"尺有所短"，而"寸有所长"。的确，从一个角度讲，由于中国古代体育本来就不太注重竞技性，它甚至并不刻意追求超乎自然常态的和令别人叹为观止的体格与体能，所以，当现代体育场馆乍一向国人敞开大门的时候，他们当然会显出最初的不适应，甚至免不了要被不了解中国体育精神的人，误认为羸弱的"病夫"。可是，如果换一个角度看，既然这种体育活动在强调内外修为的一致与调适，那么，它也完全有理由拒绝仅用一些竞赛场上人为规定的量化指标，去片面地判定人们的实际健康水准，特别是在人们为了身体某一部分的过度发达而牺牲了另一部分的正常发育时。——更何况，正因为中国古代体育讲究自家的体会，而非他人的评判，无论老者、少者、强者、弱者，皆可身体力行，所以这种质朴无华的锻炼活动，反倒有可能更接近所谓"体育"的真精神。最起码，它比较不容易从"为己"的健体活动异化为"为人"的商业行为，以至于引得大多数人放弃了积极参与运动的锻炼时间，去观赏甚至逼迫少数人在竞争中把身体拼坏。

● 具体分析起来，从纵的角度可以看出，孕育出中国古代体育体系的原初因素，本是多种多样的。而大体上说，它们又可以被区分为下述两类：其一是创化原始物质文明所必不可少的

　　　　　　　　　　　再造传统：带着警觉加入全球

体质及技能训练，这主要包括来自原始生产劳动和原始部落战争两方面的内容；其二则是原始精神文化所带有的最初价值取向，以及相应伴生的对于人类形体活动的种种要求（如史前舞蹈）。这些内容一般被包容在集原始教育、医疗、娱乐于一体的原始宗教活动之中。若从横的角度则可以看出，中国古代体育活动的内部种类也是五花八门的。为了叙述方便，可以依据它们在古代体育文化中的重要性，同时参照着当今流行的"体育"范畴，而被粗略地排定为四类：其一是从古老的医疗保健活动中发展起来的吐纳导引之类的养生术；其二是从狩猎搏击和军事战斗技能中转化出来的，从周代的射、御教育开始就代代传习的武艺，以及它在后世演成的武术；其三是从春秋时期已相当普及的博弈一脉承袭下来的棋类活动；其四则是其他一些具有地方色彩的体育活动（如竞渡），以及在民族文化交流中引入并一度开展过的体育活动（如蹴鞠、摔跤）。

● 应该最先和最多着墨的，无疑是被现代人称为"气功"的吐纳、导引之类的养生术。其所以如此，不仅因为它在后来各种体育因素的融合中，逐渐演成了其他运动项目的基础，从而在中国古代体育体系中占有中心的位置，而且因为它在中国的文化土壤中，从来是最具顽强生命力和广泛普及性的体育项目，以至于至今仍是活生生的体育传统。——我们只要看看，一方面，根本用不着大力提倡，民间就自发兴起了广泛而持久的"气功热"；另一方面，无论怎样千方百计地扶植，欲以足球之振兴来象征国运之昌盛的梦想，终归成不了现实，就足可以幡然省悟到：吐纳导引之术和蹴鞠之戏，在中国古代体育传统中的地位原是不可比拟的。唯其如此，现代中国人在习练它们时，才会显出巨大的能力差异。

◎ 中国独有的针砭医术起源得特别早。《说文》云："砭，以石刺病也"，《广韵》云："砭，石针也"，这种以石头而非金属制造医疗工具的做法，显系石器时代之遗风。那么试问：不管远古时代的针砭医术如何粗浅，发明它的医学根据是什么呢？合乎逻辑的回答只能是：于此之前原始人已经发现了（哪怕是再朦胧简单的）经络现象。想到了这一点，人们就很难再全盘怀疑前引那些文字材料的可信性了，因为到现在为止，唯一能真正认明这种运行气血之通路的，仍然不是西洋医学的外科解剖，而是中国气功的气机发动和收视返听，正如李时珍《濒湖脉学》所说，"内景隧道，唯返观者能照察之"。因此，如果传说中伏羲氏"尝味百药而制九针"（皇甫谧《帝王世纪》）的说法其来有自，如果史前考古学关于砭石、骨针的发掘报告言之有据，那么，我们以互证之法，把原始状态的气功养生术推

　　　　再造传统：带着警觉加入全球

溯到原始针砭术的同时代甚至更早，应该是不成问题的。[1]

● 历史的起点似乎在于，当初民逐渐开始自觉地意守脐下气海
（即后来道家所谓气田、医家所谓胎息之处）的起伏，感觉到
有明显的热气团沿体内的一定通路（即后世所谓十二正经和
奇经八脉）循行时，他们不仅仅得到了身舒体畅、神清智明、
祛疴伐病的锻炼效果，还更于气功的状态中，获得了与现代
物理学的框架格格不入的关于大、小宇宙的"原则同格论"。
通过战国时代《行气玉佩铭》上的短短 45 个字——"行气，
深则蓄，蓄则伸，伸则下，下则定，定则固，固则萌，萌则
长，长则退，退则天。天几春在上，地几春在下。顺则生，
逆则死"，我们可以确凿地看到，当时人们是怎样借助于深沉
平稳的腹式呼吸以及它对人体产生的神奇效用，来达到对内
外世界之本质及其关系的总体理解的。而恐怕并非凑巧的是，
这样的升发过程，在先秦诸子那里也都能找到。

_____

◎ 我们先来看《道德经》：从"营魄抱一，能无离乎？专气致柔，能婴
儿乎？涤除玄览，能无疵乎"，到"天地之间，其犹橐籥乎？虚而

1　刘东："古代体育"，见刘东主编：《中华文明读本》，南京：译林出版社，2009 年，
第 327 页。

不屈，动而愈出"，到"道之为物，惟恍惟惚。惚兮恍兮，其中有象；恍兮惚兮，其中有物"，再到"人法地，地法天，天法道，道法自然"，类似的关联何等清晰！我们再来看《庄子》：从"真人之息以踵，众人之息以喉"，到"无听之以耳而听之以心，无听之以心而听之以气"，到"人之生，气之聚也。聚则为生，散则为死。若死生为徒，吾又何患？故万物为一也"，再到"缘督以为经，可以保身，可以全生，可以养亲，可以尽年"，其思路又何其相近乃尔！同样，从《管子·内业》的"灵气在心，一来一逝，其细无内，其大无外"，到它的"精存自生，其外安荣。内藏以为泉原，浩然和平，以为气渊。渊之不涸，四体乃固；泉之不竭，九窍遂通，乃能穷天地被四海"，再到它的"血气既静，一意专心，耳目不淫，虽远若近"，或者从《孟子》的"我善养吾浩然之气"，到它的"其为气也，至大至刚，以直养而无害，则塞于天地之间"，再到它的"万物皆备于我矣，反身而诚，乐莫大焉"，也都可以发现共通的家数。[1]

● 这样，我们就从发生学的意义上，对"轴心时代"的中华文明的"基因突变"，又多了一层历史性的理解。由于此后的文明进程中，无论怎样的一波三折，各种文化现象总是不离其宗，而且越到后来，各种文化因子就越多地浸染了文化基因

1　刘东："古代体育"，见刘东主编：《中华文明读本》，第328页。

　　　　　　　　　　　　再造传统：带着警觉加入全球

的特征，从而使作为一个整体的中国文化日益显出系统的成熟；所以，尽管中国古代的健身活动极为丰富多彩，然而在各种偶发的因素中，却隐藏着深刻的必然性：要么是这种体育活动，在中国体育精神所容许的范围内蓬勃发展，从而不管它禀有多少独具的特色，到头来总会对中国文化的价值理念显示出一种柏拉图式的"分有"；要么则是那种体育活动，无论如何也漏不过中国体育精神的筛眼，从而不管它是从上古还是从域外传来，都只能逐渐地萎缩和失传。对于后一种情形，前面已借着叙述蹴鞠在中国的命运而有所涉及，故而下文就来集中叙述前一种情形。

● 首先"分有"了中国古代体育精神的，正是后世逐渐形成的各门各派的气功法本身。根据友人的不完全统计，仅仅经过今人发掘并亲身实践的气功功法，就已经达到340种之多。而在这中间，除了晚近创编出来的融众家之长的综合功法之外，尚可析理出传承线索比较清晰的六大派别，即道家功法、医家功法、佛家功法、儒家功法、武术家功法和民间功法。尽管从表面上看，这些气功派别之间是门户森严、互不授受的，但在林林总总的不同细节背后，却潜藏着也许并未被人们自觉意识到的、唯中华文明独有的共同前提。不消说，其中素来讲究"致虚极，守静笃"的道家，和主张"恬淡虚无，

真气从之；精神内守，病安从来"的医家，当然是气功的源头
和正统。

———————

◎ 最耐人寻味的倒是佛家：这种原本强调"四大本空"、"五蕴无我"
的"西学"，一旦被接种在具有贵生倾向的华夏文明的土壤中，也
居然不顾徒增"身执"、"我执"的危险，而发育出了种种具有中
国佛教特点的气功功法。也许，从本意上说，佛门弟子之"由定生
慧"的日常功课，并非想在躯壳上下什么工夫。他们决不是想落入
第二义而成为"守尸鬼"，而只图关切脱离肉体的精神智慧的永恒。
可话说回来，人的身心毕竟是一个互相牵连的整体，所以只要在修
持中锻炼运用内向性的意念，就自然会增强人对自身生命运动的调
节、运用和控制能力，从而达到强身益智、祛疾增寿的养生效果。
正因为这样，在中国文化的大氛围下，作为入门手段而本欲追寻人
能否成佛和如何成佛的禅定功夫，竟然和"性命双修"的道教殊途
同归，演出了天台宗、禅宗、净土宗、密宗等具有不同家法的气功
门派，并广泛流入民间而被用之于体育锻炼。这种在文化传播中的
有意误读现象，正是根据中国精神来筛选和重组外来文化信息的鲜
明例证。[1]

———————

1　刘东："古代体育"，见刘东主编：《中华文明读本》，第 330 页。

● 同样地，借着"去武行文，废力尚德"的历史势头，过去从搏击和战斗技能中脱胎出来的实用武艺，也获得了被重新进行文化阐释的可能性，从而转变成了和古代气功一表一里的、中国人特有的体操形式——"武术"。当然，这类从宋代以后逐渐分化发展的武术套路，无论如何还保留着一些格斗的功用。不过要注意，应着集体战阵的实用需要，真正的武艺动作倒是较为简朴的。所以，只有当它逐渐从开阔的疆场进入狭小的私宅时，或者说，只有当它不再以军团而是以个人为习练单位时，人们才会有工夫去讲究演武动作的审美效果，而种种表演性的技击形式才会发展出来。与之相联系的是，一旦武术借着多种契机变成了个人的私事，其基本内涵自然就从军事训练转变成了体育锻炼，也就是说，它主要关心的不是如何去杀伤别人，而是怎样来保养自己。这样一来，武术的旨趣就与气功相当接近了，所以也就水到渠成地与后者交融在一起。这样的锻炼效果，遂使中国古代的武林高手，往往同时就是养生方家，而和只讲究排打外功的泰拳师大多不寿，形成了相当显著的反差。

● 此处还应对中国源远流长的棋类活动略作分析。无巧不巧，从表面上看，它和前述的武术活动相仿佛，也脱不尽演化自古代战争的痕迹。即使撇开仍保留着"将""士""相""车"

"马""炮""兵"等具体军事术语的中国象棋不谈，就是以抽象形式出现的"黑白""方圆"（均为中国围棋之别称），也如应场《弈势》所云："盖棋弈之制所尚也，有像军戎战阵之纪。"马融《围棋赋》曰："略观围棋，法于用兵，三尺之局，为战斗场。阵聚士卒，两敌相当，怯者无功，贪者先亡。先据四道，守角依傍……"谢肇淛《论棋》道："观其开阖操纵，进退取舍，奇正互用，虚实交施：或以予为夺，或因败为功，或求先而反后，或自保而胜人，幻化万端，机会卒变，信兵法之上乘，韬钤之秘轨也。"这类古往今来征引不尽的以弈喻兵的说法，令人想到，尽管疆场上的斗勇已转化为楸枰上的斗智，围棋仍是中国本土体育中最具竞技性的一种。正因为这样，尽管这种"撒豆成兵"的游戏，在古人那里更属于"琴棋书画"的范畴，但毕竟在所有的古代活动中，还是最容易被"创造性地转化"为一种现代体育活动，所以自然要被纳入国际性的比赛。

● 不过，围棋在中国原有"烂柯""坐稳"之称，其本意恰恰在于让弈者忘却时光的流逝。所谓"棋罢不知人世换"（欧阳修《梦中作》）、"闲敲棋子落灯花"（司马光《有约》），正说明围棋在中国古代本属排遣消闲、养性乐道之具。传说中，孔融二子因下棋而不避杀身之祸（见《魏氏春秋》）、谢安因下

再造传统：带着警觉加入全球

棋而不露破贼之喜（见《晋书·谢安传》）的故事，均喻指此等忘情尘世的境界。所以，和从武艺向武术的转变过程相通，围棋也是从"兵法之类"（桓谭《新论》）转化成了"施之养性，彭祖气也"（班固《弈旨》），从而被中国体育的内在精神点化成了益智悦神的健身活动。作为士大夫们超功用的艺术活动——"琴棋书画"的一种，它绝不会压迫得棋手去大口吸氧，而只会使他们通过沉着雅致地"手谈"而神闲气定。当然，既然是在两军对弈，就总要一决游戏的胜负；不过，在中国文化的特定氛围中，高雅的弈趣却又超乎这"兵家常事"。所以，正如苏轼"胜固欣然，败亦可喜"（《观棋》）的诗句所披露的，恰是通过这种既斤斤计较又优哉游哉的手谈，对弈双方的心境才能同时得到积极的修养和欢悦的净化。不过很可惜，仍要归咎于全球化的剧烈冲击，眼下已沦为"名利场"的竞技棋枰，已与这种古代体育精神有天渊之别了。

● 话说回来，尽管受到了如此严峻的冲击，古人固有的身体表达与想象和他们由此生发的医学理论，以及沿着这种医理而派生的健康概念，指向这种健康目标的体育方法，在现代中国人的心目中，仍可以说是传统文化最不易被攻破的堡垒，也正因此，那中间才蕴藏着不可多得的思想转机。前文已经讲到，由于中国体育更讲究自家的体会，而不是他人的喝彩或喝倒彩，无论老者、少者、强者、弱者皆可身体力行，所以这种质朴无华的、在生命的任何阶段都可以从头开始的锻炼，反有可能更接近所谓"体育"的真精神。——正如我们几乎从未见过哪位竞技运动员长寿一样，我们也绝对不会见到，哪位被判为"绝症"（比如癌症）的病人，再去沉迷于西式的竞技体育；相反，这样的人肯定会迷途知返，重新回归本土的身体锻炼，以求得享更多的天年。

● 最后要说的是，其实西方文明的一时强势，有时候也会迷惑它自己，从而误把后天养成的文化习性判为先天生成的生理本能。比如，西方人出于自己的特殊文化路径，当然可以选用白色的婚纱，而它和教堂的氛围也很匹配。不过，如果有哪位实验心理学家，由此便断定白色先天对应着喜庆的情绪，所以属于四海皆准的普遍生理反应，那他肯定大错特错了；此时他应当来到中国，大吃一惊地发现这边丧服的颜色。——同样的道理，正由于中国人对于身体的表达大大超出了西方的想象，它对于打破西方话语的一元垄断，也对于西方人自己的思想解放，才显得不可多得和弥足珍贵。正如栗山茂久的研究所示，同样的人类身体，在西医那里表现为神经与血管，在中医这里却又表现为遍布周身的、由多条经络相连的孔穴。由此出发，这些不同的医家，要么想要发挥主体意志对于外部世界的宰制，要么想要安排生命去适度地容受于周遭的环境。[1] 有意思的是，西方学者罗布·莱特纳（Rob Lightner）面对这样的文化趋异，并没有采取欧洲中心论的立场，而是马上联想到那个有名的印度寓言："通过展示经常是戏剧性趋异的他们有关脉搏、呼吸和血液的态度——这两种态度都发展自和透露了有关身体本质的深层信念——栗山茂久揭示了医学的艺术性很强的主观色彩。就像有名的盲人对于大象不同部位的触摸一样，古人也专注于某一组性状与体征，并就此而发展出了复杂的理论框架。"[2] 正是在这个意义上，对于已被差不多彻底西方化的全球医学界来说，中国医学的存在本身，无论如何都意味着头脑边界的拓展。

7. 通识

● 全球化对于传统文化的冲击，可能因为人们认识上的限制，而沿着比较思维自身的"极化"倾向，基于截然对立的二元框架，在文明的边际处持续地发酵。正如我多次指出的："一

---

1 Cf. Shigehisa Kuriyama, *The Expressiveness of the Body and the Divergence of Greek and Chinese Medicine*, Zone Books, 1999.
2 见 www.Amazon.com 上有关 *The Expressiveness of the Body and the Divergence of Greek and Chinese Medicine* 一书的评论。

味去比较相异点，听起来虽很敏锐很过瘾，却也有可能在判然的'二分法'中，不自觉地夸大事物存在的极限状态，甚至在强烈的'我—他'对比中，忘掉了早先未遭变形的正态分布。"[1]此外还应当看到，造成这类文化误读的原因，不光有东西之间的文化鸿沟，更有南北的发展差距，而两者一旦被故意搅混，会让人更摸不着头脑。

● 这一节围绕所谓"通识"的话题，来具体展示上述困境。近来，媒体的热门话题之一是：尽管国内各大名校纷纷成立了国学院，可它们面对体制上的限制，在究竟如何施展教学方面，竟然全都无所措手足，因为在教育部的分科体系中，根本没有"国学"的学科代码，——似乎相对于文、史、哲这样的学术分科而言，所谓"国学"的覆盖面实在太普泛了，而世上岂能有"样样都懂的专家"呢？媒体的另一热门话题却是：不断有人在鼓吹西方教育的通识或博雅，好像是存心让狭隘的中国教育相形见绌，——似乎中国人天生就喜欢分科，天生就只见树木不见森林，因此只有通才和全才教育，才是西方如此成功和一直成功的真正秘诀。

---

1 刘东："比较的风险"，见《理论与心智》，第 152 页。

● 然而，正是作为"传统学术文化之总称"的国学，以及它同西化教育体制的格格不入，才要求我们澄清一个基本事实：当中华文明还像是个正常文明的时候，"通识"教育正是它主要的教育内容。也就是说，不管当年的中华文明缺乏什么，也绝对不缺乏通识教育。甚至，如果潜回到中西碰撞之初，我们还能从当时通行的对比中，发现诸如此类的夸张对照："其于为学也，中国夸多识，而西人尊新知。"[1] 也就是说，至少按照严复的判断，相对于具有专业钻研精神的西方人而言，当时的中国人更偏向于通识、通才和通人。

● 不过，尽管当年号称"西学第一人"，严复针对通识问题的上述判断，却是从二分法的陷阱中发出的。再把焦距拉开一些，就可看到他当年的上下文几乎样样都在走此极端："自由既异，于是群异丛然以生。粗举一二言之：则如中国最重三纲，而西人首明平等；中国亲亲，而西人尚贤；中国以孝治天下，而西人以公治天下；中国尊主，而西人隆民；中国贵一道而同风，而西人喜党居而州处；中国多忌讳，而西人众讥评。其于财用也，中国重节流，而西人重开源；中国追淳朴，而西人求欢

1　严复："论世变之亟"，见牛仰山选注：《严复文选》，天津：百花文艺出版社，2006年，第3页。

虞。其接物也，中国美谦屈，而西人务发舒；中国尚节文，而西人乐简易。其于为学也，中国夸多识，而西人尊新知。其于祸灾也，中国委天数，而西人恃人力。"[1]

● 当然，如果能再进一步，潜回到严复出洋之前的时代，生活在固有文明秩序中的学者们，却不会觉得"夸多识"有何不好，反而会以具有此种通识为荣，因为历史上的先贤大儒，从孔夫子到朱夫子，从王夫之到顾炎武，早为他们树立了这方面的榜样。——即使到了今天，我们还能从钱穆的文章中听到这样的历史回声："中国学问经史子集四部，欧阳修已一人兼之。其实中国大学者尽如此。中国学问主通不主专，故中国学术界贵通人，不贵专家。苟其专在一门上，则其地位即若次一等。"[2]

● 推广而言，其实不单是中国的古代文明，任何称得上文明的传统，包括西方文明自身的传统，当它为了自我赓续而施行教育时，其传授内容肯定都是通识优先的。否则，它们就无法进行必要的自我复制，它们的文明标准很快会化为乌有，

---

1 严复："论世变之亟"。
2 钱穆：《八十忆双亲·师友杂忆》，北京：三联书店，2005 年，第 314 页。

再造传统：带着警觉加入全球

它们的文明运势也很快会走向式微。——由此，从道理上说，就算有过那么不懂事的文明，它也很难正常延续传承到今天，从而很难被作为后人的我们所知。

● 正是在这个意义上，我们再来回顾严复当年的二分法，会发现它虽不失为率先跨出国门的先足，却在思想方法上太过简单化了。也就是说，他是以其壁垒森严的空间结构，简化和固化了中西文化之间的差别，而不知从充满偶然的历史语境中，突显这样一种对于全人类的挑战：只不过是在几百年前，西方文明才以自身的裂变，强迫开启了全球史的"大分流"，——而众所周知，西方社会的这种裂变，原本就是以空前密度的"社会分工"为其表征的。

● 对于这种社会分工的重要性，西方学者当然是心知肚明的，可他们对它的态度和判定，向来都是针锋相对的，——因为说到底，其实就连他们自己也弄不清，这种发展究竟是福是祸！比如涂尔干、马克思和韦伯，向被说成三位一体的社会学神灵，然而他们就此发出的思想，从来就是南辕北辙的。当涂尔干在《社会分工论》中，以功能主义的鲜明态度，将这种分工看成社会发展的标志与杠杆时，马克思却在其《巴黎手稿》中，坚定地反对这种异化的劳动，把它看作所有人间罪恶的根源。

● 马克思由此而诗意地憧憬着，倘若到了理想的社会形态，就"有可能随我自己的心愿今天干这事，明天干那事，上午打猎，下午捕鱼，傍晚从事畜牧，晚饭后从事批判，但并不因此就使我成为一个猎人、渔夫、牧人或者批判者"[1]。说白了，虽然各自的表达不尽相同，这也是中国士大夫的极致理想。——尽管这种极境不能也不必全都实现，却仍属于最有价值的人格理想，因为此中的真正要点，并不在于真实的历史进程中是否存在过如此全能的人格，而在于以往生存过的历史主体，是否受过此种境界的感召。正因为这样，苏东坡那种接近于全能的才华，才在其身后的一千年间，如此地令人向往和倾倒。

● 可惜，在中华文明显得"样样都不行"、"步步跟不上"的年代，坏的东西会被说成坏的，好的东西也会被说成坏的！在这种情况下，西方学者一旦论说起中国来，受到的主要诱惑往往是千方百计地当个"事后诸葛亮"，以解释中华文明为什么"样样都不行"，而它的深层教训又潜藏在哪里。于是，另一位社会学神明马克斯·韦伯，同样从一种功能主义的角度，从反面抓住了中国文明的这个要害，把中国社会的不发达和

---

1 ［德］卡尔·马克思：《德意志意识形态》，见《马克思恩格斯全集》第三卷，北京：人民出版社，1960年，第37页。

　　　　　　　　　　　　再造传统：带着警觉加入全球

不理性归咎于《论语》中那个最著名的通识主张——"君子不器"。

● 在这样的外来压强下，即使本土文化还想对此有所抵抗，也总要遭到百般的嘲弄。——比如，"据徐复观回忆，有一次，许多朋友在一块儿吃饭，大家正在谈笑风生的时候，李济突然以轻蔑的口吻对他说：'徐先生研究中国的伦理道德，这在学问上算哪一门呢？'"[1] 此外，"李济也不认同钱穆的治学方法。1960 年，钱穆在哈佛东方研究院作'人与学'的学术讲演，由杨联陞担任翻译。钱穆在讲演中以欧阳修为例，说明中国学术传统以'人'为中学，与西方重专门学术不同。进而论及中国学问主通不主专，贵通人不尚专家。演讲时，李济对钱穆的讲法深不以为然，当时的反应是'白眼时多，青眼时少'。"[2]

● 也因为有了这样的压力，才会流传出下述顺口溜："学会数理化，走遍天下都不怕。"社会上的习惯势力既已如此，也就不难理解，休说大学里的通识教育了，就连中学时代的孩子们，

1 岱峻：《李济传》，南京：江苏文艺出版社，2009 年，第 265 页。
2 同上。

也早就被根据智力的高下，划分成了前途不同的文理两科。由此一来，势必造成如下的反讽事实：尽管我所从事的哲学教育，公认最需要天才的、富于创造力的头脑，然而按照时下的潜规则，考生们却是"理科全都考不上，才考文科；文科全都考不上，才考哲学"！

● 形象一点来讲：如果人类的知识构成，在任何堪称正常的传统社会，所谓"专"和"通"或"约"与"博"的比例，大概都只会是三七开，那么，到了工业革命以后，这两种学识间的比例，就率先从西方开始滑坡，逐渐发展到了五五开，甚至六四开。按说，这已经够不正常了，可我们呢，还要基于漫画般的文明二分，再去恶性地变本加厉，继续朝明显的偏向滑落，终于滑到了七三开、八二开，甚至九一开！

● 即使是西方本身，也已经很受这种偏颇的困扰了。还是从上述的例子说起：如此瞧不起中国通识的李济，等到多年后再度访美时，反而又生出这样的迷惑："最近爱因斯坦逝世，吊唁者提出一疑问，即美国之社会风尚与人生观，是否能产生爱因斯坦其人？读此一执世界自然科学牛耳将近半世纪巨人之传记，觉其日常生活颇与中国传统中若干读书人无甚分别，

　　　　　　　　再造传统：带着警觉加入全球

而与美国之教授阶级比却大大不同。"[1]——然而，不知他是否接着反思过：什么才是"中国传统中若干读书人"呢？难道不正是他投以白眼的"通才"吗？

● 可想而知，既然偏颇得比西方更加夸张，我们的偏差就会比西方更加严重。只可惜，就连我们的教育高官们，也是在偏差中被教育出来的，所以即使看到这种偏差的后果，还是只会从现代分科的角度，而且仅仅从理工科本身的发展要求，来检讨反思中国的教育制度，追问它何以总也培养不出那只占百分之五的、为"四个现代化"所需的最高端科技人才。于是，结论早就预埋在这种询问之中了：无非是继续向西方学习，继续抛撒重金向外广派留学生！

● 他们想不到，更严峻的挑战毋宁在于，由于通识教育的全面缺位，以及由此导致的整个社会共识的缺失，我们的社会正在流失最起码的地基。——那些有幸受过高等教育、原本应当知书达礼的人，却个个安于一隅，人人执于一偏，故意剑走偏锋，又成心分门别派，这已经是相当明显的不祥之兆了！而凡此种种，肯定跟方今实行的教育方略，有着绝大的干系！

---

1 岱峻：《李济传》，第 318 页。

说穿了，人们在校期间原本就只修习了一科，而等他们走入社会以后，又看到越是把话说绝，就越有人气和市场，由此当然会受到鼓励，比试着看谁更加偏激。

● 正因为这样，我们向称"礼仪之邦"的社会，早从以往的"君子不器"，发展到现在的"小人皆器"。由此毫不夸张地说，如果这样的一种教育体制，在一段时间之内，还有可能支撑现代化的扩张，那么，正是鉴于这种育才方式已经使得社会的内聚力难以为继，并且已经酿出了积重难返的病象，要是我们还不能当机立断，它照样有可能在不远的将来，让这个共同体继续发散下去，直到终于沦落到那么一天，怎么得到的现代化成果还得怎么还回去！

● 由此必须认识到，尽快恢复通识教育，绝不是在急功近利的校园里增添一点可有可无的文化点缀；恰恰相反，那关系到整个民族当下的纲纪和未来的前途！我曾从知识社会学的角度，重估了对于中国通识的韦伯式批判——"其实孔子提倡'不器'的前提，恰恰是除了理想中的君子之外，其他集团和阶层都已然被逼'成器'，被各自有限的社会分工角色，限定成了器物般的死板之物，各执思想的一偏而难以交流。"[1] 基于这样的学理可以知道，要是我们还不能让宽广的通识回到相当一部分国人的心中，特别是回到正在几所主力大学接受教育的未来领袖人物的心中，那就没有什么资格再侈谈民族的未来了！

● 另一方面，更让人感到反讽的是，从跨文化的专业视角来看，还是沿着当年的文明二分法，正如专业分工曾被视为西方的最大奥秘一样，等到沿这条斜坡越滑越远并深受其害之后，人们才转而"如梦初醒"地发现，原来只有通识或博雅教育才算得上西方成功的真正谜底，——如果调用严复当年的话语，正是"其于为学也，西人夸多识，而中国尊新知"。于是，那些出得起钱的高官和富商，再次为这种更高水平的教育所吸引，往往在孩子年龄尚幼时，就狠狠心将其送去了英国伊顿公学，或者美国爱默思学院，让他们躲避中国公认只能残害孩子的应试教育。

● 这才是"瞻之在前，忽焉在后"呢！只可惜，不管风水怎么轮流转，反正就是转不到中国来，而西方则不管是横看还是侧看，总是显得比中国高明！那些邯郸学步的人们，正因为

---

1 刘东："改革需要远见——深谈中学应否取消文理分科"，见《道术与天下》，第388页。

从心里受制于西方，就总能找到理由羡慕西方。而归根结底还在于，只要那种非此即彼、两极分化的文明框架，不能从认识论上彻底打破，人们就很难幡然悔悟：尽管在人类的文明之间，从来就可以——而且必须——相互借鉴，但真正聪明的学习方法，毋宁是缓步调适的故而渐次增长的策略，而不是彻底格式化的故而势必大开倒车的手段。

● 真正的问题只能这样提出：既然当年已然是矫枉过正，而且现今已经确认了这种偏差，那么，即使对于往日错误的修正不是表现为彻底复归，最起码也应当表现为朝着相反的方向去调适，而部分地回归中国传统。——无论如何，它也不应该表现为新一轮的西化，并继续漠视自家的传统！事实上，只要目力稍微好一些，原本也不难一眼看穿：那些挟洋威以自重的人们，如今又是怎样出于个人的目的，转而吹嘘西方在这方面的优势。他们藏着掖着不说的是，眼下被讲得天花乱坠的西方通识教育，正如以往被说得天花乱坠的西方宗教一样，都正处于每下愈况的艰难时刻，就连西方人自己都不知道如何去拯救它们呢！

● 甚至退一步说，验之于充满冲突震荡的近代世界历程，就算让西方全都实现了通识教育理想，这个世界也未必会变得更好，——恰恰相反，问题甚至有可能变得更糟！由此就必须从观念上搞清：所谓"通识"，作为对于前此文明成果的凝聚与概括，从来就是一个历史发展的概念，所以，以往被公认为"通识"的文化内容，转瞬间就会变得不够充分，甚至不无偏颇或偏执。正因为这样，在一个全球化已逼到每扇家门的时代，就不能回避这样的事实：无论西方的通识教育怎样博雅，仍然顽固地潜藏着其固有的文化之根。

● 在这方面，正如我早已撰文指出的："一旦谈论起大学来，即使是那些自称最反感抗拒西方霸权的学者，也马上要端出约翰·纽曼的'大学理念'来，而忘了那位英国红衣主教原本只认定了大学的使命是要在罗马天主教的精神之内提供知识，故而预埋了强烈而褊狭的西方文化之根。……甚至，我们还可以不依不饶地，却并非荒诞不稽地跟着再挑明一点：如果这种自由教育可以如此包医精神的百病，那么当年东印度公司那些打着领结的贩毒首领们，难道根本就未曾接受过这类教育么?！"[1]

---

1 刘东："众声喧哗的大学论说"，见《我们的学术生态：被污染与被损害的》，杭州：浙江大学出版社，2012年，第40—41页。

● 正因为这样，我们必须把通识教育的话题放到"诸神之争"的背景下，重新加以全盘的考虑。而其中最为关键的一点仍然在于，必须首先解放我们自己的思想，来打破长期以来的暗中迷信：总以为唯一能救度我们的密钥，一如既往地和毫无例外地，还是隐藏在西方的某一个角落，——如果不是明摆在它的现时代，那么至少潜藏在它的古代，如果不表现在它的流行观念里，那么至少也会秘传在私相授受的奥义里……

● 如果我们能打破这个迷信，那么并不难找到真正的主题：若想深入解决通识教育的困境，首先需要弄清的就应当是，在这个乱糟糟的全球化时代，究竟什么才算得上名副其实的"通识"。要知道，教育活动是有其文化预设的，不可能无端制造空中楼阁，教育活动也是有经济成本的，不可能无穷无尽地透支费用。所以，尽管已经进入了全球化时代，然而对于具有不同文化和母语的人群而言，仍然既无可能也无必要去编写同一种通识教本，否则，鉴于当今的英语霸主地位，那种教本肯定会对英语世界的人显得太浅，而对非西方世界的人显得太深，——如此一深一浅，无疑会继续强化西方的话语优势，及其与非西方世界的互不理解。

● 所以短期来看，作为我们相对可控的迫切目标，必须首先在

　　　　　　　　　　再造传统：带着警觉加入全球

中文世界里设计出既符合文化传统又符合世界潮流的通识课程。——需要小心平衡的是，在这种设计工作中，既需要相当地恢复国学的地位，以便激活民族文化的活力，又必须在内心中跟世界对话，而不能让那些被激活的传统，跟我们从理性上可以接受的世界潮流，表现出或潜藏着不可化解的冲突。

● 长远来看，作为全球共同努力的目标，则需要在持续的文明对话中，经由艰苦而平等的商量与研讨，共同制定出多元一体的、全球化时代的人类通识，那通识必须建立在各民族的国学（包括西学）之上，而保证它们既相互重叠，又各有侧重，——而且，那相互重叠的核心部分，必须具有足够的确定性，以确保人类的和平共处；那各有侧重的部分，又必须具有足够的浓度，以确保每一种宝贵文化的原生态与生命力。

8. 家庭

● 放眼世界，所有的文明都不约而同地，把"家庭"这个最小的社会组织当作了最基本的文化单位，而且，也都基于这个最初始的社会细胞，逐步发展出了更为复杂的机构与形态。这也就明确告诉我们，尽管会出现各种各样的变体，可如果从宏观的视角来看，作为最小社会组织的家庭，却是经过了千百万年的试错，而应着共通的人性与社会需要，一无例外地逐渐创化出来的。

● 这也就启示了我们，建基于天然血缘基础上的家庭，至少在迄今为止的人类历史中，具有无可怀疑的、普适性的社会价值。即使到了哪一天，由于生物科技的意想不到的发展，而在人类的生活方式上出现了其他的可能选项，那也会给已经有点失控的社会带来空前严峻的挑战。

● 当然，在各自不同的、人类学意义的语境中，受特定路径依赖的制约，各个文明在不同时间阶段的家庭组织又会显出相当的"同中之异"来；其中，在中国文明的传统中，这种社会组织的文化功能尤为重大。这是因为，这个文明的主导性价值学说即儒学，曾经把家庭这个最小的社会单位当成培植与操演仁爱之心的最初场所，从而成为了体现全部社会价值的基点。

● 为了强调这种基于家庭亲情的价值，儒家往往会告诫社会成员说，只要能够"老吾老，以及人之老，幼吾幼，以及人之幼"(《孟子·梁惠王上》)，那么，个人的善良天性就会自动得到启迪和滋养，而社会就会自动得到和谐的生机。尽管后来的历史经验证明，实际情况并不如此简单，还会有各种例外的情况发生，然而这种说法作为一种精巧的"道德暗示"，还是有效制造出了人们的"文化前理解"。

● 应当予以肯定的是，这正是中华文明得以赓续繁衍的关键。由此就在数千年的历史中，形成了底蕴丰厚的家庭文化传统，表现为作为文明常态现象的"耕读传家"的世系、"富而好礼"的名门，等等。由此也跟"五四"时代的偏激指责正好相反——生活在这种正常文明环境中的人们，才算是真正地有福了：他们生长在这样的安乐窝中，既操演了最为严整的礼仪，又体验了最为丰富的人情；因此，他们的教育完整性就最有保障，从而对自己的前途也最有把握。

◎ 值得注意的是，中国的教育方式通常总是成功的。孩子们不断长大，毫无困难地适应了家庭环境。他们早在少年时代就被纳入到对共同生活所应尽的义务中，对此他们也自愿接受。人们可能常常看到，那些自己几乎还走不太稳的孩子，却已经在照看比自己更小的弟弟妹妹了，从很小就已经在接替父母的某些工作了。家庭亲情就是这样自发产生的，可以说是崇高的，乃至在中国抒情诗中，除了像欧洲常见的那种爱情诗之外，还有表达深切而真挚的父子或兄弟之爱

的诗歌，这种感情丝毫不亚于欧洲人至多对心上人才有的爱慕之情，整个生活中都充满了这种依恋之情。为了养家糊口，中国人不得已才到远方旅行，但他的心总是牵挂着自己的家庭和故乡。一旦挣到钱后，他便毫不耽搁地频频花钱买各种礼物寄回家。最后，当他攒够了养家的钱，便返回家乡，不管他去的是南洋群岛还是加利福尼亚，结果都一样。如果他在活着时未能回家，那么他至少会做好安排，让自己的遗体在故乡土地上得到一片小小的墓地。[1]

● 尽管这种对于家庭的珍爱，如果从"泛爱天下"的角度来看，的确可以算作"特殊主义"的文化起点，无法从逻辑的起点上就满足"平等主义"的理想要求，但又不可否认的是，中国文化的底气和厚度，也往往保藏在它的世家望族之中。也就是说，出身于这样的传统家族中，自然更会讲究如何"穿衣吃饭"，不过，这种"家学渊源"的教养，却更表现在对高雅文化的传承中。——而作为它的现实反例，一旦荡平了这样的世家望族，自然会使社会显得更加平均化；然而，在这种平均化的过程中，全社会最精致的文化阶层也会令人惋惜地化为乌有，使整个文明基准都趋于"粗鄙化"。

---

1 [德]卫礼贤：《中国人的生活智慧》，蒋锐译，孙立新校，济南：山东大学出版社，2010年，第25页。

　　　　　　　　　　再造传统：带着警觉加入全球

◎ 所谓士族者，其初并不专用其先代之高官厚禄为其唯一之表征，而实以家学及礼法等标异于其他诸姓。如范阳卢氏者，山东士族中第一等门第也，然魏收著《魏书》，其第肆柒卷《卢玄传》论（李延寿于《北史》叁拾卢玄等传论即承用伯起元文）云：

◎ 卢玄绪业著闻，首应旌命，子孙继迹，为世盛门。其文武功业殆无足纪，而见重于时，声高冠带，盖德业儒素有过人者。

◎ 其实伯起此言不独限于北魏时之范阳卢氏，凡两晋、南北朝之士族盛门，考其原始，几无不如是。[1]

● 此外更加重要的是，从生存价值的意义来讲，在中国文化的正常语境中，家庭和家族作为一个放大的、延续的自我，还可以相对地缓解和释放个体对于自身死亡的焦虑，而绝不会鼓励"我死后，管他洪水滔天"的妄念，或者索性像"始作俑者，其无后乎"那般作孽，由此便有效支撑了人心中的伦常观念。换句话说，只要基于骨肉基础的家庭还存在，那么，

1　陈寅恪：《唐代政治史述论稿》，见《隋唐制度渊源略论稿·唐代政治史述论稿》，北京：三联书店，2009 年，第 259 页。

死亡所带来的人生有限性，就会得到一定程度的超越，——
哪怕这种超越仍然难免是有限的，但它仍会为社会带来相当
积极的文化成果。

———————————

◎ 既在情理之中、又在意料之外的是，正因为平时总是对死亡念兹在
兹，而且也正是出于这种心结，而知道尽可能珍惜地享受生活，所
以，真等到那个大去去期来临时，由于已在心理上得到了相对的补
偿，所以在这个星球上，中华民族反而可能是最能平和接受死亡的
民族。只要能够得到所谓的"善终"，只要是得享公认够长的"天
年"，只要在生命终点并无太大的痛苦，只要其生命尚能由子嗣继
承，那么，中国人对于一位老者的归去，就完全有可能目为正常的
"喜丧"，甚至在中国民间的风俗习惯中，还会把这种冲淡了悲哀的
"喜丧"，统称为可以跟婚礼并列的"红白喜事"。[1]

● 作为长期有效的文化暗示，儒学还曾经很有道理地认为，人
生的快乐并非只在于个人，而更在于人际或人与人之间，蕴
含于每个家庭之中。所谓的"吾与点也"，所谓的"孔颜乐
处"，都确凿地含有这样的意味。而王维笔下的"独在异乡为

———————————

1 刘东：《论儒杨互补》，未刊手稿。

再造传统：带着警觉加入全球

异客，每逢佳节倍思亲"，同样说明了这一点。作为一种现实的反例，一旦失去了这种群体的安乐窝，个人就会变成现代的孤独个体，而罹患癌症的概率就会增加很多。

● 然而令人嗟叹的是，自从"五四"的文学革命以来，从被以西格中地诠释的《红楼梦》，到一味演绎西风的《家·春·秋》，由于西方个人主义思潮的冲击，中国社会中占据压倒性地位的意识形态，都是在申诉家庭，特别是大家族的负面效应，——这恰好表现为全球化冲击的一种形式。而与此相应，人们便把强调个体孤独的"易卜生主义"，当成了代表历史趋势的、无可怀疑的观念。在这种西风的摧残下，原本被儒家有效控制的、"拔一毛利天下不为"的杨朱观念，不仅失去了正统理念的有效抑制，反而显得比利他主义更加"先进"了。

◎ 中华文明所以能演进数千年而不坠，恰是借助于"天理"和"人欲"间的这种持续紧张和有效制衡。然而，所有这一切都毕竟已时过境迁了：在外缘文明的强力逼迫下，华夏民族正面临着不得已的根本文化转型。由此，五四运动在整个中国文化史上的重要地位，并不在于哪几位具有异端倾向的书生在介身其中的文明内部发现了——其实任何堪称正常的文明都必会以某种形式体现出来的——伦理规

范的严峻一面，而在于随着中国社会天平的倾斜，他们对于纲常名
教的逆反心理获得了迥然不同的崭新意义。[1]

● 往下延烧的革命乃至继续革命，又在不断扩大这种破坏作用。
哈佛大学的社会学教授怀默霆（Martin King Whyte），曾撰
文关注过这样一种现象：尽管同样属于"五四"之后，可由于
革命文化的进一步剥蚀，于是在"全能政治"的强力挤压下，
中国大陆的家庭规模与功能，远比台湾的家庭规模与功能更
加弱化，尽管后者所达到的现代化程度，相形之下显然更为
开展与发达[2]——这种历史发展中的悖论、错位或反差，足以
说明"以革命之名"对家庭的继续破坏，并不是现代化进程
中的必经阶段和必要牺牲。

● 进一步说，如果激进的革命曾使中国的社会生活呈现出二元
化的断裂与分化，从而迫使人们一边到喧闹的外间接受社会
风暴的无情洗礼，一边又借家中的支点来保守最后的人间亲
情，那么在中国大陆，接踵而来的更加激进的革命烈焰，特
别是到了登峰造极的"浩劫"时期，就越发无情焚毁了社

1　刘东："失去儒家制衡的'个人主义'——周作人案例研究"，见《理论与心智》，第102页。
2　参见［美］怀默霆："中国家庭中的赡养义务：现代化的悖论"，见《中国学术》第八辑，
北京：商务印书馆，2001年。

会的家庭细胞。——曾几何时，骨肉之间的反目、父子之间的成仇、夫妻之间的离间，居然"不以为耻，反以为荣"地被当作"先进的"事迹，大肆地鼓励和高调地宣扬。

● 因此，把一段特定时期的大字报征引出来，并不是为了再去追究或寒碜当事人，而是为了用它的内容来清晰地说明，哪怕是在最"根红苗壮"的革命家庭，"革命"和"家庭"都曾经相互角力，因为前者总要无情地撕裂后者，直到把最后的人性都剥离干净——"我问我父亲：'你执行错误路线决不是什么偶然的，一定有根源，你以前还犯过什么错误。'王光美在旁边听了后气得直发抖，哭着对我控诉了一番，说我没良心，想保自己，是个人主义，你也触及触及自己的灵魂。这个家你也可以不回了，说我老逼我父亲。又说'你父亲是中央的，有些事情不能跟你讲。你老逼他'。说'你欺负我欺负得太甚了'。说她以前对我又是怎么好。当时给我压力很大，父亲也在旁边说：'你要是觉得这个家妨碍你的话，你也可以不回家了，如果经济上不独立，可以给你点钱。'由于自己没有真正地站到毛主席一边，没有真正与家庭划清界线，压力很大，就软下来了，于是王光美就抱着我哭了一通。自己也就'保'爸了，这是一方面。另外王光美还造成弟妹的压力，说我给妈妈的那一张大字报是有个人主义。我当时的确有个人主义，但与自己的家庭真正从政治思想上划清界线，这就是我克服个人主义，抛弃私心杂念的第一步。"[1]

● 不过，显得相当反讽的是，对于家庭文化的这种肆意破坏，并未彻底毁掉人们对于家庭的认同；相反，它的躯壳或残骸不仅仍然存在，还在外来的压力下日益固化了。也就是说，遭到毁坏的并不是家庭的全部，而只是家庭的文化意蕴；与之相应，家庭一旦失去了文化的保护，就只剩下一个徒有其表的、往往有害于更大社会组织的生硬外壳了。正是为此我们才会看到，越是在革命形势紧张的时候，越是在阶级斗争白热化的时候，越是最苛求"家庭出身"的时候，曾几何时，所谓"老子英雄儿好汉，老子反动儿混蛋"，反而成了一种极难逾越的个人宿命。由此，一方面实则是"一人得道，鸡犬升天"，连夫人和亲属都进入了领导核心；而另一方面，任何出身于"革干"家庭的子女，只要他们的父母一朝失势，也马上会被株连到劳改的队伍中。说来也唯有那位勇敢的遇罗克，曾企图以《出身论》对此进行反抗，而他为此付出了惨痛的生命代价。

1　刘涛："造刘少奇的反，跟着毛主席干一辈子革命"，载《井冈山报》1966 年 12 月 31 日刊。

◎ "出身压死人"这句话一点也不假！类似的例子，只要是个克服了
"阶级偏见"的人，都能被我们举得更多、更典型。那么，谁是受
害者呢？像这样发展下去，与美国的黑人、印度的首陀罗、日本的
贱民等种姓制度有什么区别呢？[1]

● 正因为这样，这种类似印度种姓制度的、相当僵化与野蛮的
"家庭出身"观念，也就激起了"文革"后一代人的、几乎是
一呼百应的反抗：

◎ 也许最后的时刻到了

我没有留下遗嘱

只留下笔，给我的母亲

我并不是英雄

在没有英雄的年代里

我只想做一个人

宁静的地平线

1　遇罗克：《出身论》，参见 http://www.aisixiang.com/data/3239.html。

分开了生者和死者的行列

我只能选择天空

决不跪在地上

以显出刽子手们的高大

好阻挡自由的风

从星星的弹孔中

将流出血红的黎明[1]

● 再往后，到了积重难返的开放初期，我们残缺不全的家庭，就
在这种矛盾状态中继续发酵了。一方面，纵然中国的家庭已
是面目全非，但它毕竟还在这个原始积累的阶段起到了关键
的纽带与发动机的作用。也就是说，纵然中国的家庭已在文
化方面严重地残缺不全，但这种建基于血缘的天然社会单位，
却毕竟内部的交易成本最小，而相互默契与信赖的程度又最
高，最适于那个"一穷二白"的原始积累的起步阶段。由此
回头来看，恰正是这个小小的、曾被瞧不起的家庭细胞，反
而向中国奇迹般的经济起飞提供了社会组织方面的基本支持。

1　北岛：《宣告：献给遇罗克》。

● 可另一方面，一旦亲密合作的收益期来到，那么，由于价值层面的家庭文化已被激进主义的思潮焚烧殆尽，这个社会细胞的功能也就走向反面了。令人遗憾的是，长期不管不顾的独生子女政策，尽管可以使经济数字显得好看，也使自然生态的压力略有减缓，却短视而变本加厉地在家庭文化上造成了难以弥补的、悔之晚矣的伤害。别的不说，如今就连用来指称亲属的大量汉语词汇，都已开始被下一代普遍地遗忘了，而这本是中国文化之最精微的部分，就像法国人对红酒或奶酪的精微味觉一样。在这种被动的情况下，要想再把中国的家庭恢复为"知书达礼"的初始操演场所，谈何容易！

● 而作为活生生的现世报应，如今充盈于耳际的种种劣迹，无论是来自官方渠道，还是来自小道消息，无论是从公而言，还是就私而论，上至政经大事，下至家务小事，全都触目惊心地暴露出，我们的家庭实在太缺少文化滋养了！这使人们居然误以为，家庭无非就是几个"小我"的叠加，无非就是稍加扩大的、作为攻守同盟的"自私"，所以它的功能也只是用来"营私"。正因为这样，所谓富二代、官二代等，已经构成了突出的社会问题；而可以想见，如果不能尽快挽回这种颓势，很快还会有富三代和官三代的问题，甚至富四代和官四代的问题，接连不断地出来挑衅全社会的忍耐力。——当然，也只有被逼到了这般田地，人们才有可能痛心地省悟，把"传统"与"现代"水火不容地对立起来，该是多么地糊涂与荒唐！

● 事实上，如果从人性特别是伟大母性的本能出发，没有谁会成心给自己的孩子下绊子。相反，如果问问那些东窗事发的赃官，特别是他们欲壑难填的妻子，他们往往正是因为舐犊心切，才给自己的家庭带来灭顶之灾。只可惜，也只有到了东窗事发的时候，这些家庭才会像剖开的腐果一样，暴露出其间是何等缺乏基本的家教！——既是这样，我们就不禁追问，在这个畸形而破碎的社会中，为什么一个家庭所享有的起点越高，它所面临的风险反而越大呢？为什么越是无原则地疼爱孩子，就反而会为下一代的顺利成长造成难以逾越的人格障碍呢？

● 进一步问，人们兢兢业业去维护的家庭，和辛辛苦苦累积的家业，到底应当向后代传承什么呢？事实上，如果排列组合下来，无非只有下述四种可能：

● 其一，当然有可能除了赤贫本身，什么都不能传承给后代。——如果是那样的话，情况肯定比较被动，因为孩子们的起点会相当低，什么都只能靠自己打拼，在社会上大获成功的概率，统计起来肯定微乎其微，充其量也只是慢慢向上流动，以便再给接下来的一代创造机会和充当阶梯。——这样一来，无非意味着，又把所谓"传承什么"的问题，传给了后面的几种类型。

● 其二，也许人们未曾想到，相形之下或许更糟的是，只传给自己的后代以"身外之物"。——这个起点往往看似颇高，而且身在其中的"幸运儿"还会自以为特别优越。不过，由于其终点往往更加可怜或可悲，所以有时甚至比前一种的危险性更大。对于这一点，只需把中西的两句谚语连读起来，就可以看得很清楚了：一方面是向来都"富不过三代"，或者"一代创，二代守，三代耗，四代败"；另一方面又是，只有"当过帝王者，方知当百姓之不易"！

● 其三，相对而言，主要向后代传授家教与素质。在这种情况下，孩子们自然免不了要吃"寒窗之苦"，不过这样的刻苦训练，从正常的文化预设而言，却是他们砥砺人格的入门功夫，所以不会像前二者那么被动。比如，现代学术史上著名的绍兴周家、无锡钱家和义宁陈家，等等，都主要是传递了这种文化上的家风。正因为这样，在中华文明还像个文明的时候，出现过许多家学渊源、子承父业的学者。——由于他们在精神上相对富有，所以在人生的道路上享有更令人羡慕的起点和轨迹。

● 其四，家长以高度的和双向的警觉，同时铺垫出精神和物质的基础，以使后代在较为均衡的平台上，较为从容和宽广地发展。不待言，这种全面发展的人生平台，肯定最为符合大多数家长的愿望。——不怕败兴地讲，即使难能可贵地做到了这些，也并非不会产生出新的烦恼，特别是，一旦被上代看重的，甚至被视作家族使命的前景并不为下代所认同和喜爱，此时过于厚重的家族产业，或过于辉煌的家学渊源，反而会被视作负担或累赘。

◎ 中篇小说《一个企业主的童年》涉及重大的哲学命题：人是什么？来到世上干什么？吕西安作为企业主的继承人，前程早已由家庭为他安排妥当。但他自己不清楚自己是谁，该怎样生活，怎样决定自己的命运。他年幼时，按照家人给"乖孩子"制订的行为规范而行动，让他感到与演戏没什么差别。进入少年时期，他开始探索自我：我是谁？……经过长期努力，他摆脱了恋母情结，同性诱惑，胆怯怕事，等等，但始终无法为自己界定。他觉得真正的吕西安并不存在，只有一具白生生的、彷徨无主的行尸走肉。"我是什么呢？"

再造传统：带着警觉加入全球

勒莫尔当的评语也不合适。他说，吕西安到头来变得像"一块明胶状透明物"。[1]

● 把话给说穿了，即使上述两方面的基础，全都被不遗余力地往下传递，在这个变幻无常的世界上，也不会有永续不败的家业，所以，对于自我基因的永远呵护，终不过是善良的愿望罢了。万物有成亦必有毁，所以就像个体生命终将完结一样，任何曾经辉煌过的一家一姓，总会由各种各样的偶然性来打断其一厢情愿的授受进程。——记得曾国藩曾经说过，商贾之家，勤俭者能延三四代；耕读之家，勤朴者能延五六代；孝友之家，则可以绵延十代八代。照此说来，即使是达到了十代八代，也仍属历史中的一个瞬间吧？

● 林则徐当年在书房里，曾挂上这么一副对联："子孙若如我，留钱做什么？贤而多财，则损其志。子孙不如我，留钱做什么？愚而多财，益增其过。"这既可以说是一种豁达态度，又可以说是一种忧患意识。事实上，无论短暂还是久长，只有当这种忧患意识还在起作用时，一个社会单位的稳定与繁荣才是可以想象和指望的。由此可知，孟子所讲的"生于忧患，而

1　沈志明："《萨特文集·小说卷》导言"，北京：人民文学出版社，2000年，第11—12页。

死于安乐"，绝对是亘古不易的人生至理。——对于一个个体是这样，对于一个家族是这样，对于一个国家也是这样，甚至对于全体人类来说，同样如此。

● 所以可怕的是，正如我们一开始就说明的，一旦西风随着全球化吹来，这种经历过历史洗礼的、长期行之有效的家庭文化，便被"弃之如敝屣"地革除了；而更加可怕的是，对于由此所造成的虽无形却又确凿的社会伤害，人们甚至直到现在还不以为意。一方面，在当今社会的各个成员之间，已经普遍失去了最基本的信任，这已是众所公认、触目惊心的事实，它也使整个社会的氛围都遭到了毒化；可另一方面，即使这样人们还是未能反思，其实整个社会肌体的这种萎靡，是从家庭细胞的微观萎缩开始的。——在这样的意义上，的确可以说，我们这个民族的苦头还没吃够，甚至还有可能才刚刚开始。

● 正因为认识上的晦暗不明，更要参验惨痛的现实教训来体会早已摆在那里的先哲教诲。——无论如何，所有被动中最大的被动，还不是现实中是否存在困境，而在于能否确认和反省这种困境。所以应当指出，最为悖谬和要命的还是，即使已经严重遭遇了缺乏家庭文化的问题，可由于长期施行的、

　　　　　　　　再造传统：带着警觉加入全球

先入为主的激进主义教育，人们对于问题到底出在哪里——是出于传统的存在还是传统的丧失，仍然很难把握它的要领。也就是说，他们仍有可能懵懵懂懂地把家庭文化丧失后所导致的恶果，再次归罪于已经荡然无存的传统，甚至还企图进一步毁坏这种传统，因为他们充其量能够了解到的传统，无非就是官方教科书中所描绘的。

● 他们无法理解的是，正如儒学一方面最是"为己之学"，却又最提倡"利他主义"一样，在人生这根微妙平衡木的两边，古代的儒者们早就看到，虽然一定程度的自卫和自保在任何时候都是必要的，因为那正是个体生存的先决条件，但与此同时，必须高瞻远瞩地看到，恰恰是那种赤裸裸的自我谋私行为，如从长远的和发展的眼光来看，反而是最不能自卫和自保的。无论如何，不管是个人还是家庭，乃至沿着"修齐治平"的逻辑而外推出的作为其他同心圆的社会组织，都必须既跟其他的相关社会单位保持一种良性的互动与平衡，又必须让自己的精神立足点在不断上升的人格修养中，朝着更为高远的境界迁移与提升。

● 所以，切忌过于简单化地望文生义。要看到，恰恰是为了保障个人的发展，乃至于保障家庭的和睦，像"家族传承"这样的念头，既可以是很有文化意蕴的，也可以是毫无文化可言的，既可以是很有社会担当的，也可以是全无责任心的，既可以是纯属自私的行为，也可以超越这样的杨朱立场，而把忧患的关切推广到全社会去。事实上，正由于有了这样的价值关怀，在"格物、致知、诚意、正心、修身、齐家、治国、平天下"的认同扩张中，人们才有可能在一种谨慎的权衡之中，并且在一个合理的限度之内，呵护他们作为基本社会单位的家庭，——正如他们也可能充满仁爱之心地呵护任何其他的所属社会单位，比如社群、族群、家国，乃至天下。

◎ 曾子曰："敢问何谓七教？"孔子曰："上敬老则下益孝，上尊齿则下益悌，上乐施则下益宽，上亲贤则下择友，上好德则下不隐，上恶贪则下耻争，上廉让则下耻节，此之谓七教。七教者，治民之本也。政教定则本正矣。凡上者民之表也，表正则何物不正？是故人君先立仁于己，然后大夫忠而士信，民敦俗璞，男悫而女贞。六者，教之致也，布诸天下四方而不窕，纳诸寻常之室而不塞。等之以礼，立之以义，行之以顺，则民之弃恶，如汤之灌雪焉。"

◎ 夫温良者，仁之本也；慎敬者，仁之地也；宽裕者，仁之作也；逊接者，仁之能也；礼节者，仁之貌也；言谈者，仁之文也；歌乐者，仁之和也；**分散者，仁之施也。** 儒皆兼而有之，犹且不敢言仁也。其尊让有如此者。

◎ 公曰："何谓贤人？" 孔子曰："所谓贤人者，德不逾闲，行中规绳，言足以法于天下而不伤于身，道足以化于百姓而不伤于本。**富则天下无宛财，施则天下不病贫。此则贤者也。**" [1]

● 由此可以看到，尽管正如前文已经述及的，家庭在儒家的思想体系中，作为教化的起点和修养的门径，对于任何具体的人生历程而言，都的确是"特殊主义"的；不过，也正如我论述过的，这种生命成长的特殊印记，却不仅不应沿着西学的逻辑被判定为儒学的致命弱点，反而应当基于本土的价值立场，被视作既充满独特中国风格又充满亲切人情味的优长："正因为格物、致知、诚意、正心、修身、齐家、治国、平天下的认同扩张乃是一气呵成的，其间并无其他文化中那种艰辛、阵痛与磨难的割裂、舍弃与背离，亦无需像寺庙或者修道院那样离群索居的苦修，而保藏着亲情和乡情在终生记忆中的美好印迹，所以它所主张的前后相随层层递进的树人过

1 （魏）王肃编著：《孔子家语》，郑州：中州古籍出版社，1991年，第8—9，18—19，24页。黑体字为引者为表强调所加。

程，不仅不会抹平或淡化丰富而殊别的个人阅历，反而会鼓励不同风格的个性张扬。由此，这里展示出的是一种充满经验露水的、生意盎然的道德实践。也就是说，尽管日益领悟到集体共在的分量，个体却仍然为自己独特的性命而生活。"[1]

● 之所以作出这样的判定，是因为我们已经了解，儒家基于家庭而施行的德性培养，尽管立足于这个最小的和具体的社会单位，然而其人格培养的目标却从来都是指向利他的、舍生取义的君子，而绝非自私自利的、"拔一毛利天下不为"的小人。在这个意义上，我们同样应当意识到，尽管儒学对家庭投以很高的重视，但那并非出于纯然自私的目的，——哪怕这种自私的动机稍有扩大，而是指若干个共享同一血缘的"自我"。正如我曾进一步论述的："尽管在中西对比的框架下，曾被庸俗归约成'家庭哲学'，然而说到底，儒学的眼界却决不固执于家庭。相反，《大学》中这个层层外推的同心圆，倒是最为昭然无疑地揭示出——在人格境界渐次拓宽的应然顺序中，家庭之于修身的意义，也会不断地有所转移：若能通过'老吾老以及人之老'的外推过程，顺利获得对于较大共同体

---

1 刘东："个人认同与人格境界——从跨文化的立场诵读'八条目'"，见《道术与天下》，第 149 页。

　　　　　　　　　　再造传统：带着警觉加入全球

的关切，在家庭中焕发蒙养的亲情，固然可以构成推动'仁者爱人'的道德实践的心理动机；不过，要是因为什么缘故，不能把心胸顺利拓宽到更大的生命群体，那么即便是甚为儒家推重的孝悌之情，照样有可能反而成为人格成长的障碍。"[1]

───────────

◎ 以特殊主义与普遍主义的分野来观察、描述和概括儒家伦理与新教伦理的不同，此种尝试始见于韦伯，后经美国社会学家帕森斯归纳发挥，这一被归于韦伯的看法传布甚广，成了几乎是今人普遍接受的定见。但在林端看来，视儒家伦理为特殊主义，以与新教伦理所代表的普遍主义相对照，这看法过于简单化。儒家伦理固然注重等差，但是推己及人，至于天下，其实是一种"以特殊主义为基础的普遍主义"。实际上，中国文化内部，就有"仁"与"法"两种普遍主义，前者是人伦意义的普遍主义，后者是客观意义的普遍主义。二者之间容有紧张和冲突，解决的办法，则是分别位阶高低，令后者服从于前者。所谓德主刑辅，刑以弼教，就是此意。由哲学上言，中国式的"以特殊主义为基础的普遍主义"，体现的是理一分殊，一多相融的原则。[2]

1 刘东："个人认同与人格境界"，见《道术与天下》，第149—150页。
2 梁治平："超越韦伯，理解传统，指向现实：一个华语社会学家的努力与追求"，载《东方早报·上海书评》2013年2月24日刊。

● 在这个意义上，虽则"始于家庭"却又"心向天下"或"终于天下"的儒学，就确凿地传达出了这样的教诲：尽管家庭肯定属于最基本的社会单位，然而它毕竟又属于最微小的社会单位，所以，人们在这样的社会单位里，应当首先体会和习得"父慈，子孝，兄良，弟悌"的社会情感，再把这种修养逐步推广到社会上，而不是只把它据为一个"谋私"的营垒，然后再想方设法地跟全社会为敌。——正因为这样，无论你自己的家庭怎么重要，它的内涵也不能无限地膨胀与扩张。也就是说，如果某个家庭的威权居然盖过了社群，那就会使得社群里的其他姓氏，乃至那些出了五服的本姓后裔，都在事实上成了它的"家奴"；进一步说，如果某个家庭的利益居然盖过了国家，则整个国家也不啻沦为了它的"家天下"，而如果那样引喻失义，则对于家庭的呵护就变成了专制的残暴。

● 正因为早有此种意识，中国的先哲早就发现，在"人皆可为尧舜"的高度预设下，社会各阶层保证相当的流动，乃是一个社会"文明与否"和"平等与否"的标志。也只有基于这样的价值观念，我们才能顺理成章地理解，为什么早在科举制落成的隋唐时期，旧时的门阀士族就已飞入寻常百姓家了。——在这个意义上，跟"五四"时期的盲目指责正好相

再造传统：带着警觉加入全球

反，恰因它对于个人才能与努力的公平肯定，中国文明在所有的前现代社会中，才属于社会流动性最大的，从而最贴近人性的文明；而且，正如我的同事包华石教授反复强调的，这种中国式的平等观念在传入欧洲以后，还曾作为一种启蒙话语而启发了伏尔泰们。

● 当然话说回来，也是在"人皆可为尧舜"的高度预设下，即使获得了儒学所劝谏的上述改进，中国的古代文明还大有改进的余地。——此间最大的问题所在，就是它在未能突破"传统型"政治之前，尽管已经在"帝制"的社会前提之下争取到了相对的平等与社会流动，却仍未能在合法性的来源上彻底突破"一家一姓"的"家天下"问题；由此到了后世，尽管其他家庭都相对地平等起来，却唯有皇帝家族仍可免于这种洗牌。——正如明清之际的大儒黄宗羲在其《明夷待访录》中所忿然批判的："今也天下之人怨恶其君，使之如寇仇，名之为独夫，固其所也。而小儒规规焉以君臣之义无所逃于天地之间，至桀、纣之暴，犹谓汤、武不当诛之，而妄传伯夷、叔齐无稽之事，使兆人万姓崩溃之血肉，曾不异夫腐鼠。岂天地之大，于兆人万姓之中，独私其一人一姓乎？"[1] 不待言，

1　黄宗羲：《明夷待访录·原君》，段志强译注，北京：中华书局，2011年，第9页。

正是这种"以为天下利害之权皆出于我，我以天下之利尽归于己，以天下之害尽归于人，亦无不可。使天下之人不敢自私，不敢自利，以我之大私为天下之公；始而惭焉，久而安焉，视天下为莫大之产业，传之子孙，受享无穷"[1]的家族自私行为，才最为雄辩地点燃了后世的革命火种。

———————

◎ 黄宗羲在此处第一次明确否认了王朝之法的地位，他称之为"非法之法"——它"非法"，因为它唯服从皇帝一家之私利，而非人民的利益。此等品质恶劣的法，不仅不值得重视，而且与孔孟阐发的更高的先王之法相比，是完全无效的。

◎ 凭借这种新的高于国家的法的观念，通过他主张的将君主置于这一更高的法之下，黄宗羲试图对君主的权力（根据法律规定和制度设置，这种权力与政府组织合而为一）施加一种宪政限制，而不是继续信任君主的自制能力——轻信君主的自制，这不独是儒家思想的缺陷，道家和法家思想皆然。[2]

1　黄宗羲：《明夷待访录·原君》，第 8 页。
2　［美］狄百瑞：《亚洲价值与人权：儒家社群主义的视角》，尹钛译，任锋校，北京：社会科学文献出版社，2012 年，第 94 页。

再造传统：带着警觉加入全球

◎ 吾党常言，二十四史非史也，二十四姓之家谱而已。其言似稍过当，然按之作史者之精神，其实际固不诬也。吾国史家以为，天下者，君主一人之天下，故其为史也，不过叙某朝以何而得之，以何而治之，以何而失之而已，舍此则非所闻也。昔人谓《左传》为"相斫书"，岂惟《左传》，若二十四史，真可谓地球上空前绝后之一大相斫书也。虽以司马温公之贤，其作《通鉴》，亦不过以备君王之浏览。（其"论"语，无一非忠告群主者。）盖从来作史者，皆为朝廷上之君若臣而作，曾无有一书为国民而作者也。其大蔽在不知朝廷与国家之别，以为舍朝廷外无国家。[1]

● 只可惜，在深层价值未能疏通之前，历史的躁动尽管自有其缘由，却未必真能解决问题，反而很有可能适得其反，欲速不达和"生出跳蚤"。事实上，推翻"一家一姓"的辛亥革命，已是一百年前的事情了，然而打量一下周遭的情况，再对比一下历史上的既有成绩，那么，到底历史是发生了可喜的进步呢，还是发生了可怕的退步？——且不说像以往那样通过公平考试，从寒门中选拔出如范仲淹、欧阳修、苏轼那样的一代名臣了，就只讲教育机会上的基本平等，我们也是越来越痛心地看到，偏偏在社会财富如此暴增的今天，那些来自

1 梁启超：《新史学·中国之旧史》。

农村和偏远地区的孩子，或者那些出身贫贱寒微的孩子，反倒越来越受出身的制约。可想而知，这种社会流动方面的反向发展，一旦使社会因鸿沟过深和过于固化而最终坠入全社会的玉石俱焚，那么，哪怕是最为谋私的个人与家庭，以及那极少数"抱团取暖"的家族集团，到头来也会悔之莫及地发现，他们那种过于吝啬的、短视的自利行径，无异于愚不可及地自掘坟墓。

◎ 王介甫、苏子瞻，皆为欧阳文忠公所收。公一见二人，便知其他日不在人下。赠介甫诗云："老去自怜心尚在，后来惟与子争先。"子瞻登乙科，以书谢欧公。欧公语梅圣俞曰："老夫当避此人，放出一头地。"当时二人俱未有声，而公知之于未遇之时，如此所以为一世文宗也欤？[1]

◎ 慈圣光献大渐，上纯孝，欲肆赦。后曰："不须赦天下凶恶，但放了苏轼足矣。"时子瞻对吏也。后又言："昔仁宗策贤良归，喜甚，曰：'吾今日又为子孙得太平宰相两人。'盖轼、辙也，而杀之可

---

1 （宋）葛立方：《韵语阳秋》第十八卷，见何文焕：《历代诗话》（下），北京：中华书局，1981年，第629页。

乎！"上悟，即有黄州之贬，故苏有《闻太皇太后服药诸诗》及
挽词甚哀。[1]

● 只有通过这样的对比，我们才能更深切地理解陈寅恪所发的
感慨："余少喜临川新法之新，而老同涑水迂叟之迂。盖验以
人心之厚薄，民生之荣悴，则知五十年来，如车轮之逆转，
似有合于所谓退化论之说者。"[2]我们也才能更紧迫地体会到，
重塑作为社会支柱的家庭文化，恢复这个文明肌体的良性细
胞，对于所有的炎黄子孙来说，都是刻不容缓的任务。——
毫不夸张地说，如果做不到这一点，那我们就根本无力侈谈
未来，什么"中国梦"也只能是一场噩梦！

1 （宋）陈鹄：《西塘耆旧续闻》，见《涧泉日记·西塘耆旧续闻》，上海：上海古籍出版社，
  1993 年，第 15—16 页。
2 陈寅恪："读吴其昌撰梁启超传书后"，见《寒柳堂集》，北京：三联书店，2001 年。

第四章　自我殖民与中体西用

● 前面，我们先完成了引导性的两章，从历史的特别是理论的层面，概述了全球化尤其是文化全球化；又完成了展开性的一章八节，通过对于各个具体案例的剖析，演示了全球化给中国文化带来的冲击。基于前面的铺垫，现在就可以较为扎实地进入结论部分了。——为了叙述的方便与简明起见，结论部分也将分为前后递进的两章，分别处理三个问题，而本章关注的三个问题依次是：**在全球化中漂移的中国性、危与机并存的复杂态势和自我殖民还是中体西用**。

● 尽管总会出现一些细节的争议，然而中国文化的基本品格大体上可以确定是从"轴心时代"开始突破地奠定的；正因为有这种相对确定的价值去校准此后历史的发展方向，中国文明才有可能"历数千载之演进，造极于赵宋之世"（陈寅恪语）。回顾起来，雅斯贝尔斯倚仗着韦伯的宏观比较而大胆想象到那次早期世界史的决定性大分流，虽然也出于很多偶然的肇因，却毕竟凝聚着各位圣哲对于人生问题的不同思考，以及由此而得出的各具创意的解决方案。——正是这种在大智慧上的分野，沿着文明的河道流淌至今，仍然构成当代比较哲学与文化哲学的至深命题。

● 就中国研究的基本预设而言，这种"言必称孔子"的总体语境，很容易导致一种浅显的误解，即认定中国文化的模式一经形成，就一成不变和故步自封了。众所周知，费正清那种其来有自的"冲击—回应"模式，曾经最具代表性地反映了这种误解。不过，同样众所周知的是，当今国际汉学界的主流却在不断地冲破这种模式。学者们兴奋地从各种角度，不断地再发现中华帝国内部以往不为人知的种种变化。——缘此，法国汉学家谢和耐（Jacques Gernet）就曾在其名著《中国社会史》（*Le Monde Chinois*）中告诫，再也不要认为中国的进程中缺乏变化了！

◎ 我们要以中国为前车之鉴。那是一个人才兴盛并且在某些方面极富聪明智慧的民族，以其难得的幸运，这个民族在草昧时代就有了一套特别优良的风俗制度，这几乎是一项即便最文明的欧洲人在一定限制之下也必须承认的圣哲之士开创垂范的功业。同样令人称奇的是，他们运用杰出的手段，竭尽可能地将他们所拥有的聪明睿智深印在社会的每一个人心中，并且确保最富智慧的人占据尊贵显要的高位。想必能有如此成就的民族已经发现了人类进步的秘密，必能使自己的行动稳居世界先列。然而恰恰相反，他们却从此变得静止不前，而且一停就是几千年；欲使其再有更进一步的改善，必得有赖于外人。[1]

● 不过，即使真心想要"矫枉"，也不要故意"过正"，而应当平衡与全面地看到，那变化中毕竟有"恒常"的东西在。——正是相对稳定的价值观念与文化体系，使得中国文明在露丝·本尼迪克特（Ruth Benedict）的意义上，成为全球史中相对正常、为时恒久，甚至曾经富甲天下的文明。这并不意味着，在中国文明的价值内核中，就不再存在闪烁不定、可

---

1 ［英］约翰·穆勒：《论自由》，孟凡礼译，桂林：广西师范大学出版社，2011年，第84页。

供讨论的余地了；正相反，恰如狄百瑞（William Theodore de Bary）在《东亚文明：五阶段的对话》中所描绘的，热烈的对话，乃至激烈的争辩，一直贯穿这个文明之始终，也正是这种生机勃勃的对话，才构成了文明发展的内在动力。——可另一方面又马上需要去平衡把握，即使在文明的价值内核中存在着丰富的缝隙、弹性和动能，也并不妨碍它作为意义的来源，点染过往的文化生活，并且构成了古代"生活世界"的基础。

———————

◎ 中国精神之最令人惊异的特色，就在于它居然毋需独断的宗教，而全凭可以靠理性来把握的价值学说，去环环相扣、层层递进和代代相传，就有效地传播了做人的标准，和确立了文明的基本纲常，——正如我刚刚就此写到的："且不说那是否构成了它的最大优点，至少儒学最大的特点就在于，它并不是把独断的告谕当作出发点，也并不求助于对下民的威胁恫吓，更不必为此而贬损人本身的积极潜能。恰恰相反，它倒是正面鼓励社会的每个成员，都尽量去调动和开发自己的理性，以重新开启充满紧迫感的、只属于此一个人的学术思想探索。它甚至还提供了这样的文化暗示，并借此构成了古代中国的文化前理解：每个社会成员都有不断进学乃至成圣的潜能，因为"人皆可以为尧舜"（《孟子·告子》）；

而且这个上进的过程也并非遥不可及，因为"我欲仁，斯仁至矣"（《论语·述而》）。[1]

● 经过激进主义的长期统治，对于现代中国的知识人而言，要认识到古代中国的文明标准曾经支撑了过往生活的价值基础，并不是特别困难，然而，要让他们也认识到，那个曾被判为"过时"与"老残"的文化传统，因其横隔在文明进程的"路径依赖"下，同样是进行现代转换的必要资源，就往往不得其门而入了。——事实上，所有从八十年代的解放运动中走来的人，无论他们是否自觉到，都曾在这个复杂的思想迷宫中面临严重的困惑与抉择，而其中很多人到现在也未能绕出来。

◎ 过去，由于革命意识形态的强烈排他性，大陆学者中间虽不能说没有例外（比如顾准先生的遗著《从理想主义到经验主义》），但大体上却未能对自柏克以降的思想脉络给予应有的重视。而现在，怀德海、波兰尼、哈耶克的名字却一时间不胫而走，直有跃升为"显学"之势。越来越多的人开始察觉到，至少照经验主义的观点来看：向着某个理想中的历史终点的不断躁进，难保不给历史带来灾难性的

1　刘东："意识重叠处，即是智慧生长处——梁启超《德育鉴》新序"，见梁启超编著：《德育鉴》，北京：北京大学出版社，2011年。

后果；相反，对于传统活力的保守与开发，却可能是整个社会稳步变革的基础。[1]

● 同样重要的是，古代文明所曾达到的文化高度，作为一种虽则无语却又挥之不去的参照系，还在暗中校准此后的历史发展，去检讨它的进退、功过与得失。正是在这个意义上，我才一再地提醒人们，其实怀旧的思潮本身已经是一种社会姿态，甚至已经是一种社会批判了。——心同此理，也正是在这个意义上，陈寅恪当年才会发出"今不如昔"的慨叹："余少喜临川新法之新，而老同涑水迂叟之迂。盖验以人心之厚薄，民生之荣悴，则知五十年来，如车轮之逆转，似有合于所谓退化论之说者。"[2]

———————

◎ 在索尔仁尼琴那里，虽说沙皇时代的俄国和普京时代的俄国，也未见得就怎样地好，然而相形之下，却只有斯大林时代的苏联和叶利钦时代的俄国，才是千真万确地糟透了！由此，他就必须在心念中，回到那个未被红轮碾过的过去，哪怕它说穿了也难免是

---

1 刘东："'创造性转化'的范围与限制"，见《刘东自选集》，桂林：广西师范大学出版社，1997 年，第 237—238 页。
2 陈寅恪："读吴其昌撰梁启超传书后"，见《寒柳堂集》，第 168 页。

"发明的传统"，甚至正因为那在后世也只能表现为"发明的传统"，以期为祖国和人类的未来，保护选择的多样性、进路的歧异性和发展的开放性。[1]

● 孔子曾经基于"变与不变"的有机张力，信心满满地展望身后的历史："殷因于夏礼，所损益可知也；周因于殷礼，所损益可知也。其或继周者，虽百世可知也。"（《论语·为政》）然而，在这种预见支撑了两千多年之后，一旦西方世界如超新星一般意外地爆发，本来表现为"连续与断裂"统一的中国历史，就跟其他非西方的文明进程一起，统统被毫不容情地打破了。——在这个意义上，如果中国文化史中确实有过截然的断裂，那肯定发生在西学激荡的"五四"之后。而此后所形成的新的话语系统，则开始全面地改造或"发明"传统，以至于事到如今，中国文化的原貌早已晦而不明了。

● 正因为客观进程发生了断裂，并准此而形成了断裂的主观立场，对于"五四"之后的中国历史中，究竟是延续得太多，还是断裂得太多，人们就有可能给出不同的甚至迥然相反的

---

1 刘东："苦痛生珠——苏俄特有的美学法则"，见《思想的浮冰》，上海：上海人民出版社，2014 年。

评价。而有关近代中国的标准提法——"半封建半殖民地"，无非是糅合了对立双方的各执一词罢了。当然，如果更加全面地观察，恰恰是这种"断裂的"说法，才刻画了活在当代中国的左右为难：过于强调"半封建"的一面，就有可能沦为"全盘西化"和"自我殖民"；过于强调"半殖民地"的一面，又有可能是在为已经失去政治合法性的统治类型强辩。

● 由此可以看出，真正对当代中国构成严峻威胁的，并不在于它的历程是否发生了变化，因为这类变化在历史上从未休止过，而在于如今的变化发生得太过急迫，使得以往安于地球一隅的共同体，陡然地脱离了原有的文明轨道，也黯然地丧失了原有的价值制约。——这种命运当然并非中国所独有，在一浪高过一浪的全球化冲击下，我们只是跟所有的非西方文明一起，都被绑上了同一辆磕磕碰碰的现代性战车。

◎ 虽然世界体系对村庄不断增长的影响发生在所有国家，但很少有社区（在巴西内外）像阿伦贝皮这样，在如此短的时间里经历了这么多的变迁……短短二十年间，阿伦贝皮从一个相对孤立、平等主义和同质的社会，变成一个职业分化、信仰多样、社会阶级与地位存在高下的社会。在古代中东，从狩猎采集经济变为农业种植和畜牧

再造传统：带着警觉加入全球

驯养经济，用了四千年时间，才发展出社会分层。而在阿伦贝皮，主要经济变化和同期的社会转型只用了不到二十年时间。阿伦贝皮的经历，也为我们了解千千万万个渐渐融入世界体系的小社区的进程，提供了一幅缩影。[1]

● 更加复杂的是，前面曾经述及的"全球化"概念笼统涵括的所有复杂倾向，从"国际化"、"自由化"、"世界化"、"西化"到"超地域化"，全都无序地搅混和叠加在一起，汹涌地向着这个"半殖民—半封建"的区域袭来，让你简直说不清那究竟是福是祸。——比如，令人困惑的是，它一方面以现代科技所发明的各种方便利器，带来了更高的生活标准和消费选项，另一方面也以倒人胃口的"麦当劳化"，裹走了原有生活的多样、韵味与深度；再比如，它一方面代表了普世的和公正的价值，让人不由向着浩荡的世界潮流肃然起敬，另一方面又总在暗中回护西方的利益，让人疑心那些公开说辞背后总有藏在桌面之下的地缘政治考量，这更加令人困惑。

◎ 打从接触西方的第一天起，我们就把世界舞台的真正导演，看成是

1 ［美］康拉德·科塔克：《远逝的天堂：一个巴西小社区的全球化》，第 35 页。

依仗船坚炮利的蛮横"强权";此后经由长久绞尽脑汁的"盗火",才看清那强势背后的"群己权界",并把它看作普适文明的基准"公理";可恰值那个正为"自由"弘法的"五四",这个"进步"世界却公然张口鲸吞,再次迫使注意力集中于深重的外侮;一直到饱尝了闭关锁国的惨痛代价,才又重在"改革"和"开放"之间划上了等号,诚心诚意地想要伸出双臂拥抱世界……没想到风水还要轮流转:似乎越是低首下心地要向西方学习,这位老师就越匪夷所思地痛打学生,越朝着别人指明的方向寻求着"进步",那个文明世界就越表现出野蛮骄横![1]

● 还应从另一个侧面看到,正因为上述的外来冲击本身就是泥沙俱下的和成因复杂的,它给中国历史带来的空前巨变就反而更会以最具中国特点的形式来进行。的确,中国文明的规模实在太巨大了,它的历史过程实在是太久远了,它的文化侧面实在是太丰富了,它的内部落差实在太多样化了,势必会在撞上同样复杂的外因后,发生数不尽的和意想不到的化合,以至于它的传统即使在毁灭的过程中,仍会变态出各种最具有特性的中国式产物,——甚至包括"中国式离婚"!不无吊诡的是,就连对文化最具烈度的那场"浩劫",也要部

---

1 刘东:"公理与强权:写在五四运动 80 周年前夕",见《理论与心智》,第 128 页。

分归因于某些传统因子的激活，比如历史上各种"阴谋书"、"潜规则"和"小传统"的放大性复活。

● 合乎逻辑的是，在这种复杂的生存环境中，我们的自身感受也必是犬牙交错的。一方面，全球化的确带来了整齐划一的标准，另一方面，全球化也切实带来了文化的失序与紊乱；一方面，全球化的确带来了跨国生存的空前机会，另一方面，全球化也切实带来了"开除球籍"的空前压力。——唯一可以确定的是，无论如何，田园牧歌式的"过去"已然彻底过去了，而"原汁原味"的传统也已经不复存在了。而全球化本身，作为天上掉下来的、前途未卜的"机运"，既带来了加速发展的"机遇"，也增加了转瞬破灭的"几率"，关键就看人们自己趋利避害的能力了！

◎ 在2到6世纪，十进制在印度出现并逐步完善，并且很快在阿拉伯数学中得到广泛应用。但是这些知识主要在10世纪的后25年里来到欧洲，并且在上一个千年的早期开始产生重要影响，在改变欧洲的数学与科技革命中发挥了重要作用。

◎ 事实上，如果当时欧洲拒绝接受数学、科学与技术的全球化，欧洲要穷得多。这在今天同样适用，尽管方向相反。认为这种现象是所谓的思想与信仰侵略，是严重错误，如同欧洲在上一个千年开始之时拒绝接受东方的影响。当然，我们不能忽视在全球化中存在某些与文化侵略有关的事物，但是把全球化主要看作是文化侵略就大错特错了。[1]

● 无论如何，经由前文解析的八个案例，我们已经看出了问题的复杂多变和闪烁不定。——尽管应用的术语不尽相同，但正是针对如此的不确定性，政治学家马歇尔·伯曼（Marshall Berman）才作出了这样的判断："成为现代的人，就是将个人与社会的生活体验为一个大漩涡，在不断的崩解和重生、麻烦和痛苦、模棱两可和矛盾之中找到自己的世界和自我。"[2]也正是针对全球性的类似困境，人类学家康拉德·科塔克（Conrad P. Kottak）才给出了这样的定义："后现代性描述了我们的时代和景况：当今世界瞬息万变，人们要在移动中学会根据地点和情境变化，调和多元化的认同。从最普遍的意义上讲，**后现代**指的是既有规范（规则或标准）、分类、区别和边界的模糊与崩析。'后现代'一词源自后现代主义——建筑学中一种起源于1970年代，继承现代主义的风格和运动。后

1　［印度］阿玛提亚·森："全球化及其问题"。
2　［美］马歇尔·伯曼：《一切坚固的都烟消云散了：现代性体验》，徐大建、张辑译，北京：商务印书馆，2003年，第461页。

现代建筑拒绝现代主义的规则、几何秩序和严肃的主题。从这一源头来看，**后现代性**描述了一个传统标准、差异、群体、边界和认同正在开放、延伸和离析的世界。"[1]

◎ 全球化不是朝着某个特定方向的过程，也不会有具体的终点。人权和民主的理念仍在扩散；对致命疾病的斗争是成功的；移民为数百万人带来新的希望；全球通讯使全球连成一片，并使世界主义的视角成为可能，这在两代人之前根本无法想象。同时，全球化也使致命疾病、破坏性的想法和行为、宗教极端主义的偏执狂、毒品和武器得以扩散。通过即时通讯和旅行，我们彼此之间变得更近；但它不断提醒我们在价值观、生活方式、机会上的不同，这些会持续分裂我们，可能会比之前更痛苦。[2]

● 那么，在如此茫无头绪的乱麻中，我们还能找到理清它的线头，不再只是做"没头的苍蝇"吗？——我本人一向坚定地认为，如果这个线头的确还存在的话，那么它注定不会是别的，而只能是现存共同体的文化主体性。此中的要点必然在

---

1 ［美］康拉德·科塔克：《远逝的天堂》，第 249 页。
2 ［挪威］托马斯·许兰德·埃里克森：《全球化的关键概念》，第 150—151 页。

于，跟文化激进主义的长期诉求恰恰相反，我们不仅不能丢弃乃至主动败坏自家的主体性，倒要去维护乃至积极寻求这种主体性！事实上，前文具体分析"电影"案例时，我们已经提出了这样的观点："中国电影本身就是全球化进程的产物，它与世界电影发展的大背景相互伴生，在制作、发行、放映等各个环节都与后者紧密相关。这说明，全球化带来许多危难的同时，也给中国的文化事业带来新的生机。"这也就意味着，在"拿来主义"的文化策略中，即使是彻头彻尾的"舶来"之物，也照样可以被"去殖民化"，照样可以拿来为己所用。——如果说，中国电影就此做得还不够成功，至少不像伊朗电影那样成功，那么，乒乓球运动在我们这个国家，则异常成功地、无可争辩地被"去殖民化"了，以致它从英国人（在作为殖民地的印度）发明的"桌上网球"，完全转变成举世公认的中国"国球"。

———————

◎ 为什么板球会成为一种民族热情？为什么它不仅本土化了，还成为了代表印度的运动标志？为什么从沙迦到马德里，以及所有的媒体语境中，人们都如此痴迷着它？为什么人们崇拜板球明星，甚至比崇拜电影明星更甚？……板球这样一种将价值、意义和具体实践紧密地捆绑在一起的硬文化形式，究竟是如何彻底印度化的——或者

再造传统：带着警觉加入全球

从另一种角度看，是如何去维多利亚化的？因为在方言化的过程中（通过书籍、报纸、广播和电视），板球已成为印度民族性的徽标，同时也作为一种实践被镌刻在印度人（男性）的身体上。在这个例子中，去殖民化不仅如安德森（Anderson，1983）所言，涉及通过印刷资本主义构建的想象共同体；它同时还涉及对竞争性身体技术的挪用，从而进一步为想象出的共同体提供了激情与目标。这可能是观赏性运动（同许多其他形式的公众文化不同）对去殖民化动力机制的特殊贡献。[1]

● 正是在这个意义上，看似"扁平"与"均质"的全球化进程，很有意思地在其内部发展出反向的趋势。正如罗兰·罗伯森所指出的，"我坚决主张，全球化是存心怀旧兴起的首要根源。更具体地说，正是在 19 世纪后期 20 世纪初期迅猛加速的全球化这一起飞时期，目睹了**发明**传统这种强烈欲望的盛行。作为文化政治（cultural politics）——以及文化的政治（politics of culture）——的一种形式，存心怀旧成了全球化的一个主要特征。"[2] 也就是说，在某种程度上，带有普世倾向的全球化冲击，反而成了激发地方文化的马刺，并唤醒了专门针对这

1　［美］阿尔君·阿帕杜莱：《消散的现代性：全球化的文化维度》，第 147—149 页。
2　［英］罗兰·罗伯森：《全球化：社会理论和全球文化》，梁光严译，上海：上海人民出版社，2000 年，第 223 页。

种冲击的文化抗体，正如埃里克森就此所评论的，"尽管全球化趋势（可以被理解为边界的混合）经常会导致很强的地方性对抗反应——如偏爱地方食物和风俗——但一些理论家更认可罗兰·罗伯逊的观点，认为全球在地化（glocalization）更能准确地描述当前正在发生的事情。全球化往往会强化地方认同，因为在地方文化遭受威胁时，人们才开始明显地强调自己的独特性。"[1]

◎ 根据此处提出的观点（以及本书余下部分），区域研究是有益的：它能够提醒我们，全球化自身在深层程度上是一种历史的、不平衡的乃至地方化的进程。全球化并不必然甚至也并不经常意味着同质化或美国化；既然在某种程度上，不同社会对现代性材料的运用各不相同，那么我们仍有广阔的空间可以对特定区域的地理、历史和语言进行深入研究。[2]

● 说到这里，自然就归纳到了本章的关键：跟"以不变应万变"的明显失误一样，亦步亦趋地伴随着西风起舞，而心甘情愿

---

1 ［挪威］托马斯·许兰德·埃里克森：《全球化的关键概念》，第 11 页。
2 ［美］阿尔君·阿帕杜莱：《消散的现代性：全球化的文化维度》，第 24 页。

地"自我殖民"化，同样属于重大的思想迷失。正如我们一开始就强调的，从来就不存在僵化的"中国性"，——这个文明向来都在跟周边文明互动，而且正是借助于这种良性的对话，才在不断演进的历史进程中，把自己推向一个又一个高峰。更何况历史发展到了今天，全球化已然成了外部的态势，改革开放也成了内部的共识，那就更谈不上闭关自守和故步自封了。因此，问题的要点根本不在于，到底是否要革新中国文化，而在于进行这种革新的主体，究竟是否还能具备起码的自主性。否则，由此带来的文化真空与价值失重，就已经而且还将带来严重的失序和紊乱，它甚至终究会使人们吊诡地发现，这个曾经"只争朝夕"地追求进步的历史，于转瞬之间竟已倒退回了"石器时代"！

◎ 社群主义者认为，民族—国家间公正的互惠关系需要建立在尊重彼此的领土和主权完整的基础上。主权和领土完整是每个社群形成和保持自己独特生活方式的关键。对国际政治理论中的社群主义者而言，一个民族—国家把能否保持自己的独立看作是非常重要的。独立是保证财产共有（保障共有），保护个人权利、自由的一个关键。因为只有独立才能保证有效的民族自决。一个国家（社群）的宝贵之处就在于它形成了自己独特的文化、语言、传统、制度和目标。如果

一个国家的自决权被剥夺了，那么这个国家的完整性就遭到了破坏。全球化的威胁就隐藏在此：全球化可能会削弱一个国家的自决权。[1]

● 在过去一段时间内，这种"自我殖民"化的突出表现是，由于在并非当真"均质"与"扁平"的全球化中，不仅存在着东、西之间的差别，而且存在着南、北之间的鸿沟，于是，来自发达国家文坛与高校的吸引力，就诱惑着不少本土的知识人或文化人，精明并讨巧地盗用中国文化的名义，去刻意制作专供西方评奖用的影片、专供西方拍卖用的绘画、专供西方翻译用的诗歌、专供西方比赛用的音乐，等等。而这些产生于文明边际的文化赝品，一旦在西方获得廉价的掌声，又会回头谋求"出口转内销"的效应，甚至利用它们在西方获得的赏识，以及由此而得到的舆论影响力，来搪塞它们在本土语境中受到的质疑。

● 在同样的知识生产机制下，出于同样的精明讨巧心理，人们也会制作出专供西方教授猎奇的学术论文，只顾着搔挠别人身上的痒处，而加剧了中国头脑的眩晕与混乱。这使我们愈发沉痛而清醒地确认，**中国文明近代以来所遭遇的最严重危**

---

1 《全球化百科全书》，第102页。

　　　　　　　　　　　　再造传统：带着警觉加入全球

机乃在于：不仅要认识和应对西方的挑战，还要逐渐学会用西方的眼睛来认识这种挑战，甚至还要学会用西方的理论来回应这种挑战。 基于对于知识生产的这种分析，我们不仅可以解释分裂的近代历史，也可以解释晚近以来的知识界分裂。——而更加火上加油的是，西方传媒和学界的不同识别预期，在很大程度上加速了这种分裂，让背道而驰的各方从此"老死不相往来"。这样一来，中国知识界在整体上的这种瘫痪状态，作为一种突出的精神病灶，就惊人地凸显了当今中国在理论创新上的被动和步步被动。

◎ 鉴于中国当政的技术官僚们对于文科学术的冷漠，任何希望开拓知识视野的中国人文学者，眼下最好是能够争取到来自美国大学或者基金会的支持，并且也最好是能够起草出投其所好的研究计划，而这往往就会诱使他们为了迎合别人而重组乃至歪曲自己的第一手经验。而反过来，来自国际学术界的哪怕是很廉价的赏识，至少在一定的时间段里，却又会反过来增加一位专门琢磨怎么去"为悦己者容"的中国知识分子的学术资本，从而他的发言分量也就真的有可能帮助重组乃至变异中国的语境和经验。[1]

1　刘东："中国研究领域的测不准原理"，见《道术与天下》，第317页。

● 还应当坚定地澄清另一种误解：站在其他文明的价值立场上，也许有人悄悄地误以为，只要让中国逐渐地丧失它的主体性，那就会给整个世界带来福音。可实际上，如果还能从思想上回到那个雅斯贝尔斯意义上的轴心时代，我们仍能平心地发现，由孔子和其他先秦思想家所提出的人生解决方案，特别是它所蕴含的那种曾让伏尔泰兴奋不已的"无宗教而有道德"的文化模式，一直是人类文明史中不可或缺的和至可宝贵的思想财富。——沿着这样的思想轨迹，至少我们还有理由发出畅想，全球化与中国文化之间的张力，或许正蕴含或预示着某种真正的解决，而那解决方案决不会是由某一文明——不管它看起来多么优秀或优越——去碾碎、消解或吞并其他的文明，而是被费孝通憧憬过的文明共生状态，即"各美其美，美人之美，美美与共，天下大同"。

────────────

◎ 历史阵痛最剧烈的时代，往往也正是历史惰性最小的时代。纵观孔子、苏格拉底、释迦牟尼和耶稣之后的全部世界史，也许再没有哪个时代的哪个民族，会像近现代中国人这样苦难深重地游离于各种既成的文化秩序之外；但也正因为这样，也就再没有谁会比他们更容易从心情上接近敞开着最大创造机会的新的"轴心时代"。为了不辜负这样千载难逢的返本开新的历史良机，或者更干脆一点儿说，

再造传统：带着警觉加入全球

为了不白遭这一场大罪，当代中国的真正主题，就既不在于像某些人提倡的那样，使中国文化逐渐从实质上变种为西方文化的走了样的"亚文化"，也不在于像台湾等地的做法那样，把中国传统精神中的某些本质侧面降格为现代化起飞时的工具性经济伦理，而在于平心静气地参考着中国、西方及其他文明历程的全部正反经验，敏感着已经对全人类构成巨大挑战的所有当代问题，去比较和检讨过去那几个伟大先知的一切长短得失，借此思想出融汇了东西文明之优点的更正确的价值理念，并把它有效地注入正待激活的中国传统之中。只有在成功地进行了这种文化改变之后，中华文明才能够获得比迄今为止的所有文明都更长久的内在文化动力，而在此之前和在此之后的中国历史才能不被讥讽为一场持续不断的错误；也只有这样，中国人才不致老是被按着"前现代——现代——后现代"的西方中心主义逻辑教训说：你们的今天正是别人的昨天，而你们的明天又是别人的今天。[1]

● 既然我们已经看到，无论从学理层面，还是在实践层面，"自我殖民化"的取向都是行不通的，那么，文明之间真正合理的调适路线，也就只有曾被遗忘的"中体西用"了。尽管以往对于这种文化纲领，沿着文化激进主义的逻辑，投以了太

1　刘东："回到轴心时代"，见《刘东自选集》，第 4 页。

多的误解，往往是先入为主的"污名化"；然而，一旦历史情势稍稍从容下来，却不难在对比中幡然觉悟到，其实这样的一种文化纲领，跟所谓"和魂洋才"之类的口号一样，根本就是在全球化的席卷中，非西方文明所能作出的唯一合理的选择。——无论如何，就算这种沿用古语习惯的"体用"之辨，已经不太符合现代汉语的习惯，并且由此而显得较为简单粗略，以致在究竟何者为体、何者为用的问题上，还需要后人进行相应的解说、厘清与界定，可毕竟只有这样的文化纲领，才既凸显了自家文化的能动性，又表现了对于外来信息的主动选择。

———————

◎ 跟张之洞当年的"中体西用"说相似，此时梁启超心中的中西对比，也主要建立在所谓中国精神、西方物质的基础上，或者更加精确地说，是建立在中国伦理、西方科学的基础上。正因为这样，此种看似很有"简单化"之嫌的文化框架，就曾引起了激烈的批判与反弹，以为它把两边都给看扁了，——也就是说，既未能看到西方本身的精神文化，也未能看到中国自己的物质文化。不过，如果大家能够转念想到，无论是当年的张之洞，还是此时的梁启超，其发言都并不是在泛泛而谈，而是在针对中国的特定语境来讲，原本也不难同情地理解他们。——毕竟，他们两人并非在抽象的意义上去判定，西方的文明世界中只有物质文化，而是从跨文化的意义上来指出，它带给中国的主要震动与冲击，是在其高度的物质文明方面；此外，他们也并非在抽象的意义上去宣称，唯独东方的文明世界才有真正的精神文化，而是在"路径依赖"的意义上指出，对于生活在这块土地上的国民而言，如果想要保住改革与转型的根基，就唯有先去保住自家的精神传统。[1]

● 以往对于这一纲领最看似"深刻"的挑战，要数严复所谓"牛体不能马用"的反驳。然而，如今站在文化冲突论的立场上，却可以发现这种说法的要害在于，从一开始便把西方文明设定成有机的、连续的和一元的。正如前文反复讲述过的，在近现代中国人的切身感受中，这个由"两希文明"接壤和杂凑而成的"西方文化"，一方面表现为最先进的科学，另一方面却表现为最落后的迷信；一方面表现为最清醒的理性，另一方面却表现为最狂热的说教；一方面带来了最人性的民主理论，另一方面却带来了最狡诈的政治权谋；一方面带来了最繁荣的市场经济，另一方面却带来了最飘摇的未来风险；一方面带来了最发达的物质生产，另一方面却带来了最异化的个人

1　刘东："未竟的晚期：《欧游心影录》之后的梁启超"，见《中国学术》第三十辑，北京：商务印书馆，2012 年。

生活；一方面带来了最活跃的社会流动，另一方面却带来了最单调的休闲活动；一方面带来了最活跃的精神创造，另一方面却带来了最无聊的文化垃圾……面对如此复杂怪异的情况，只要自己的国家还没有彻底沦为殖民地，只要自己的文明还不乏起码的主动性，难道就不能进行"为我所需"的文化选择和文化利用吗？

◎ 事实上，只有从理念上恢复这种口号，人们才可能恢复这样的信念：就算想要大规模地引进西学，从而达成文化上的输血与杂交，自家也要先具备强健的体魄。只有保持住对于本国文化的投入与信赖，坚信它并没有终结，也不可能灭亡，这种传统才有可能在西学的激荡下，并长争高地焕发出绵绵活力。我们看到，实则早在 1904 年左右，梁启超就已得出了此类的判断："近顷悲观者流，见新学小生之吐弃国学，惧国学之从此而消灭。吾不此之惧也。但使外学之输入者果昌，则其间接之影响，必使吾国学别添活气，吾敢断言也。但今日欲使外学之真精神，普及于祖国，则当转输之任者，必邃于国学，然后能收其效。以严氏与其他留学欧美之学僮相比较，其明效大验矣。"[1]

1　刘东："未竟的晚期：《欧游心影录》之后的梁启超"。

● 从文化间性的宏观角度来看，对于"中体西用"这样统摄性的文化纲领，后人终究是只能越过去而不能绕过去的。因而此间的关键就不在于是否要在基本路向上另起炉灶，而在于应当从历史的向度和学理的层面上，对于这种既要求"中国气派"又要求"世界眼光"的跨文化愿望，给予充满同情的理解、评估与发挥，以期再次扩充与焕发它的理论容量。——唯其如此，才能既不拘泥于其初始形态的某些知识漏洞和盲点，也不计较其起步阶段的某些生涩辞令和语气，而真正把握住这个文化纲领的架构与神髓，并且参验着当今时代的学识、眼界与体悟，来重新为之贯注精神内容和思想活力。

◎ 由此就更加见出：真正合理的"中体西用"纲领，对于我们到底意味着什么？——一方面，必须首先充满自信地确认，正是在自家的文化传统中，包含着很多弥足珍贵的智慧种子，尽管它并不见得会囊括与涵盖全部；另一方面，也只有在这个基础上，才能进而充满热情地展望，即使是自家文明所包蕴的慧根，在当今的开放条件之下，也同样需要在与外缘文明的讨论、切磋、制衡、互补和共生之下，才能更充分地激发和显现出来。[1]

---

1 刘东："未竟的晚期：《欧游心影录》之后的梁启超"。

● 只有首先确立了这样的文化纲领，当代中国的急速社会变革，才不致总是流于"摸着石头过河"。如果说，在全球化铺天盖地的冲击下，"中体西用"的口号意味着，在文明的接触、对话、博弈和共生中，进行一种"执两用中"的谨慎调适，那又必须进一步看到，这种调适本身并不是我们的目的。放眼望去，正如我曾一再强调的，**唯有对于"中国文化现代形态"的寻求与奠定，才是我们这场伟大实践的终极目标**。也就是说，这块土地上的未来文化模式，既必须是标准"现代"的，由此而显出对于全球化的汲取与适应，又必须是典型"中国"的，由此而显出对历史传统的激活与承继。——只要一天找不到它，我们的社会就会一天"找不到北"，就会日趋紊乱与失序下去；而一旦真正确立了它，尽管此后的历史仍会发生损益，我们却可以像孔子那样，信心满满地发出对于未来的预言——"虽百代可知也"。

再造传统：带着警觉加入全球

第五章　带着警觉加入全球

● 沿着上一章的论述思路，我们将在这一章里，透过几个最为
紧迫而重大的侧面，尝试性地企望与规划"中国文化现代形
态"。——具体而言，本章将再处理三个问题，它们依次凸显为：
只能当成宿命去承担、**重建政治合法性**和**重新思考发展模式**。

● 尽管中国从未中断过同其他文明的互动，然而像当代全球化这
样的环球网络关系，作为一种险象环生的冲击，甚至是一种前
途未卜的赌命，决不会出于任何文明的主动追求。——在这方
面，没有必要进行任何教条主义的夸口：既然整个地球都已笼罩
在有可能被电影《阿凡达》所不幸言中的阴影下，那么，谁也
不敢再去倚靠那个已被国际学界公认不可靠的"进步"概念了。

◎ 如果我们不是神，如果我们并不具备一种"理性直观"来放眼望尽无限，如果我们不可能稳固地把握住标志着至善的人类历史终点（就像 Karl Jaspers 在《历史的起源和目标》里所企图做到的那样），那么，我们就终究不能判定人们是否在向一个可靠的目标"上升"，而"进步"也就和"物自体"一样在本质上被排除到了认识之外。准此，人们在"进步"问题上发表林林总总的意见就不足为奇了。意见总是多种多样的，只有真理才是唯一的。只可惜我们无论怎样努力地思考"进步"概念，也不可能在这方面获得确定的真理。[1]

● 实际上，正因为全球化带来的高度风险，正因为它那种好坏参半的裹挟方式，支持它和反对它的对冲倾向，在每个国家、每个阶层、每个家庭、每个人的头脑中，都在激烈地交锋。我们甚至还看到，尽管"西方化"乃至"美国化"，已被很有道理地看成了全球化的内涵之一，然而，就连这种趋势发端的国家，照样受到了来自它的巨大反作用力。这样一来，略显反讽的是，就在那些非西方国家不断发出埋怨，批评全球化带来了失序与不公的同时，身在大洋彼岸的美国人自己，也开始大肆怀疑起全球化来了，——尤其是它所逻辑蕴含的、

---

1 刘东："多元标准下的进步概念"，见《刘东自选集》，第 229 页。

　　　　　　　再造传统：带着警觉加入全球

带来了空前失业率与国际逆差的"自由贸易"，尽管后者曾被他们长期视作立国之本。

◎ 直到2008年之前，上述"全球化推崇论"的逻辑仍然是西方主流思潮。西方国家的经济危机不断引发社会危机后，西方主流舆论的"全球化怀疑论"不断抬头，其主要背景是高失业率。……这种怀疑论的核心分为两个方面：第一，全球化让劳动密集型产业大量转移到发展中国家；第二，全球化让跨国公司更加便利地进行合理的直接投资，结果是夺走了西方国家大量就业机会。……全球化从来就是一把"双刃剑"，不仅对发展中国家适用，现在看来同样适用于发达国家。发展中国家在融入全球化进程中获得了巨大利益的同时，也付出了各种代价和牺牲，西方国家对"迟来的代价"也应当理性和客观地对待，根本的原因是西方在国际经济中的绝对优势地位正在失去，全球增长的牵引力量也不再完全依靠欧美。[1]

● 然而，正像一句谚语所说的那样："愿意的，命运领着走；不愿意的，命运推着走。"既然我们已经认识到，铺天盖地而来的全球化浪潮，已不能放过地表上的任何人，而要表现为针

1　张云："西方为何成了全球化的怀疑者？"，载《联合早报》2011年8月24日刊。

对全人类的无情宿命，那么，大家就只有暗自咬紧牙关，以昂扬的姿态与积极的行动，去承担这种无可规避的命运。必须清醒地看到，某些过去行之有效的文化经验，一旦被带到全球化的崭新语境下，已经转变成明日黄花。所以，正像圭拉姆·德拉德赫萨（Guillermo de la Dehesa）所形容的，全球化对于全体地球人来说，都意味着一场输赢之间的"博弈"，——而这场"博弈"中最可能的"输家"，必将是那些对它置若罔闻的个人与国家。

◎ 在现实世界中，全球化的主要输家是那些落后的、没有能力参与全球化进程的国家和人民。这些国家缺少具有可信度的政治、法律、经济和社会制度。而全球化的主要赢家正是那些通过开放吸引了外商、外资和外国技术的国家。因而，全球化的主要输家并不是像一些孤陋寡闻的所谓专家们所说的那样是"全球化的受害者"。恰恰相反，它们是"缺乏全球化的受害者"。[1]

● 进一步说，即使已经认识到席卷而来的全球化浪潮中，裹挟

1 ［西班牙］圭拉姆·德拉德赫萨:《全球化博弈》，董凌云译，北京：北京大学出版社，2009 年，"导言"，第 3 页。

再造传统：带着警觉加入全球

着各种各样的不确定性，也包含着泥沙俱下的诸多缺陷，我们还是只有投身到其中去，以便利用包含了独立思考的自我选择，去缓和与修正它的冲击和错误。无论如何，正如我反复强调的，认识到事实上的"历史与伦理的二律背反"，并不意味着就要把"历史上升为理性"，或者就要"正当化"历史的错误，以致竟然"把'获得'当成'失去'的理由（或者把'失去'当成'获得'的前提）"[1]。所以，积极地把全球化当成宿命来承担，并不意味着就此而沉湎于宿命论，把一切罪过都推诿给客观历史，从而忘记自己应当承担的伦理责任、应当采取的主体姿态。——正相反，只有在接受既定历史结构的同时，又念念不忘自己的有限自由，才能在对于历史的不断修正下，以心中念兹在兹的价值理念，去减少、化解和驯服全球化所带来的疏离与异在。

◎ 无论在过去、现在还是未来，人类的文明进程都绝非命中注定，它总是取决于许多偶发的诱因，**其中当然也包含我们自己的努力或不努力**。前举的种种有关网络社会的截然相反的可能性，正说明"前头的路"是或然的和开放的。因此，只有像普罗米修斯那样去应对

1 刘东："应对网络社会的挑战"，见《理论与心智》，第 337 页。

挑战，人类才仍然有可能再次发现：其实技术本身的意义只是中性的或延宕的，它被赋予的价值必须视历史主体的选择而定。[1]

● 由此可以看到，摆在我们面前的"全球化"，毋宁是一种相反相成的运动。——在无可回避的外来文化冲击下，我们只能是虽非全然被动地，却又心怀警觉地，既要加入，又要抵抗，既从本土中抽离，又朝向它再嵌入，既领受其裨益，又疏离其损害，既接受它的标准化，又启动传统的再发明，既拥抱着普世化，又向往着在地化，既在进行向心运动，又在发展离心趋势，既享受均质化的好处，又欣赏个性化的特色，既看到历史的断裂，又努力让文明延续，既在跨越有限的国界，又要回归文化的本根……宽广而全面地看，正是这种带有杂音的双向发展，才较为理想和包容地构成了所谓"全球化"的全部特征。

◎ 全球化的抽离特性，只是在非常肤浅的层次上制造全球的同质性。它创立了一种全球可比较的文法，使通讯与交换变得相对容易跨越边界。因此，全球化激发了一种差异意识。

1 刘东："应对网络社会的挑战"。

　　　　　　　　　　　再造传统：带着警觉加入全球

◎ 可以说全球化是双重的，并按照辩证的否定来运转：一方面，全球化通过促进跨越原有边界的快速接触使世界缩小；另一方面，全球化创造了差异意识，又使世界扩大。由于强加给一套共同的特性（国家机构、劳动力市场和消费等等），人类的生活被均质化，但由于接触的增加，又出现了多样化的形式，导致世界的异质化。全球化的向心力在于，它把全世界的人联系在一起；全球化的离心力在于，它激发了地方独特意识的提高，实际上是地方特色的重构。[1]

● 这才是我们所需要的既大胆又谨慎的文化权衡！对于我们这个文明共同体来说，只有秉持既有自尊又不自封、既有自信又有自警的心态，才能在这个迅速全球化的时代，护住文明进程中的"必要的张力"。一方面，既然置身于一个全球化的时代，当然免不了水漫金山式的影响，由此不光要从西方文明那里，甚至还要从所有其他文明那里，或多或少地接受它们的影响。然而另一方面，必须警觉地意识到，并非只要坐等全球化的洪水冲刷，就可以在文化信息"大杂烩"的炖锅里，烹煮出一个堪称强大的文明范式。——相反，如果真要保持文明的活力，那就首先需要强大的文化自我，它决不会

---

1 ［挪威］托马斯·许兰德·埃里克森：《全球化的关键概念》，第 156 页。

盲目拒绝外来的影响，却会把眼睛睁大，目光放远，以便更仔细与开阔地消化这种影响。

● 接下来，我们理应本着上述原则，深入地反思两种重大的当代失衡，它们一个表现在"**人与人**"之间，一个则表现在"**人与自然**"之间；而毫不夸张地说，只要其中任何一种未能及时摆正过来，我们的文明也不可能立于不败之地。——眼下，让我们先来研究前一种失衡，也即如何来"重建政治合法性"的问题。

● 决不要想当然地误以为，既然已在重拾"中体西用"的口号，就不必再关注什么"政治体制改革"。正相反，如果能拨开以往的偏见和成见，我们倒是应能更加平心地体认，最初提出这个纲领的张之洞等人，不光比人们想象中的走得更远，也比现在大大滞后的体制改革走得更远。这一点，正如王焱在一篇文章中所澄清的："以往学界对张之洞的这一论点，未能给予客观全面的解说。论者往往从一种僵化的激进主义意识形态立场出发，把张氏的'体'解释为国体政体之'体'，认为张之洞的观点实质上就是主张维护君主专制政体，而辅以西方船坚炮利之术。其实，这根本不符合张氏的原意。张之洞主张维护三纲五常，固然是一种文化保守主义主张，但却不必是政治保守主义的主张。特别值得引起我们注意的是《劝学篇》'西学之中，西艺非要，西政最要'，'政尤急于艺'的提法。张之洞认为，中国文化要从西方吸取的，科学技术并不重要，重要的倒是西政。即使在今天看来，这也仍然是非常大胆的主张。易言之，他的体用观也可以说是'中学为体，西政为用'。"[1]

● 而从思想认识的深处，我也早就道出过此中的原委。一方面，"儒家从它的价值理想出发，的确是脚踏实地地在一个君主专制的特定政治结构中尽可能多地争取到了爱民、清廉、尚贤、使能、纳谏、勤政等等比较贴合它那人本理想的开明政风，以至于和别的文明在其进化过程中所产生的同类整体比较起来，中国古代社会的考试制度、监察制度等等，都显示了独到的成绩，也都更接近现代的价值观念。"而另一方面，"由于他们必须以承认君主专制的合法性为代价来赎取统治者对自家价值观的首肯和让步，所以他们几千年来就只能充当君主的讽喻劝诫者，而不能成为其叛逆批判者……以至于几千年后打开国门一看，竟是别的文明经过反复斗争而在更高物质基础上创造出来的先进政治制度和政治学说，反而更接近

1　王焱："'当日英贤谁北斗？'——张之洞与中体西用"，见 http://www.21ccom. net/articles/lsjd/lsjj/article_2010072914386.html。

自家之'民胞物与'的最高理想。"[1]——正因为此，在饱受传统文化教育的儒者那里，不仅出现过被狄百瑞看到的那种"中国的自由传统"，而且，一旦隔海看到了西方传来的现代民主政体，他们还会对其中的许多积极因素，毫无阻隔地觉得那其实"正中下怀"！

———————

◎ 发现道德意志的自由，并自觉到它的重要性，中国自孔子已然。这在中国史上，的确是一次极重大的发现。经此发现以后，人才有真实的自我，人的尊严和做自己的主人这些重要的人理才能讲。[2]

◎ 我说"自由的"（liberal），其意思是乡约作为一种学术主张，在某些地方实践中，它支持和维护着这些原则：自愿，地方自主，以自愿达成和合作的方式改进乡村生活，将皇权和官僚对地方的干预降到最小，在扎根于普通人日常生活的共同价值这一基础上维持一种负责任的领导（responsible leadership）。它借由一些承载着某些理想和范例的文献、以文学话语的形式传承下来，即便这些理想和范例的制度化远没有实现那些理想主义者的抱负——在这种意义上，我们可以称它为一种"传统"。另一方面，在实际贯彻这些价值和实践的

———————

1　刘东："读武侯祠"，见《浮世绘》，第 16 页。
2　韦政通：《儒家与现代中国》，上海：上海人民出版社，1990 年，第 83 页。

　　　　　　　　　　　　　再造传统：带着警觉加入全球

过程中，我们常常看到它以各种方式被误用被窃夺，其误用方式可被概括为一种更加威权主义的（倘非实际上的专制）传统，这个传统与皇权统治、与根深蒂固的官僚国家有着密切的长盛不衰的关系。

◎ 如果我们正在考察的对象可被称为并行不悖的两种传统，那么我们就会认识到，儒家的受教育阶层，作为领导精英，常常不同程度地同时陷身于两种传统之中。因而他们实际的生活处境有一个显著特点，即深感左右为难，他们陷身于敌对两极之间，承受两者之间的巨大张力——脚踩两条船的儒家精英，一足立于乡村中国的泥土中，一足跨在权力殿堂里，日日忍受着这种张力。[1]

● 听到这里，那些偏爱"非此即彼"的人，恐怕就不太能摸着头脑了。然而试想一下：为什么偏偏是坚守儒生气节的陈寅恪，反会奋笔写下堪称"清华校魂"的名言："来世不可知也，先生之著述，或有时而不彰。先生之学说，或有时而可商。惟此独立之精神，自由之思想，历千万祀，与天壤而同久，共三光而永光"[2]？又为什么偏偏是被称为"一代儒宗"的马一浮，反而会在反驳章学诚的考据时，沿着儒家的思路发挥出这样的思

1　［美］狄百瑞：《亚洲价值与人权：儒家社群主义的视角》，第 77—78 页。
2　陈寅恪："清华大学王观堂先生纪念碑铭"，见《金明馆丛稿二编》，上海：上海古籍出版社，1980 年，第 218 页。

想："今人言思想自由，犹为合理。秦法'以古非今者族'，乃是极端遏制自由思想，极为无道，亦是至愚。经济可以统制，思想云何由汝统制？曾谓三王之治世而有统制思想之事邪？惟《庄子·天下篇》则云：'古之道术有在于是者，（某某）[墨翟、禽滑厘] 闻其风而说之。'乃是思想自由自然之果"[1]？

● 再把目光放到海峡对岸来试想一下，为什么偏偏是新儒家的代表人物徐复观，反会发挥儒学来对抗政治威权，斗志昂扬地写下"孔子奠定了儒学基础，同时也就是创发了自由社会。我看，这是中华民族经过万千苦难而尚能继续生存发展的主要条件"[2]？ 而在我看来，更加值得寻味琢磨的，则是新儒家的另一位代表人物牟宗三，他晚年那种"从内圣开外王"的努力，也即他想要循着古代的道德形上学，而开出现代"自由"与"民主"的努力，尽管被公认为具有学理上的困难，但其潜台词却是异常清晰的，——无非是要通过这种曲折的勾连，把通行于全球的现代政治通则，说成是跟古代儒家"心同此理"的东西！

1　马一浮：《泰和宜山会语》，见《马一浮全集》第一册（上），杭州：浙江古籍出版社，2013 年，第 11 页。
2　徐复观："中国自由社会的创发"，见《中国思想史论集续编》，上海：上海书店出版社，2004 年，第 260 页。

◎ 弟视民主亦与科学同，俱视为每一民族文化生命发展其自己之本分事，不在这里说西化。如是，纵使一民族发展出科学与民主，亦不是西化，或全盘西化。从这里说全盘西化是无意义的。因为这都是"共法"……了解一民族的文化，不能从其过去没有后来所需要的，便作全盘否定。后来之需要无穷，没有一个民族的文化能在一时全全具备了。所以了解一民族的文化，只应从其文化生命发展之方向与形态上来了解，来疏导，以引出未来继续的发展或更丰富更多样的发展。[1]

● 只有理清了上面的头绪，我们才能顺势看清症结之所在。过去，由于长期受到文化激进主义的洗脑，人们往往会不假思索、先入为主地，把当今所遭遇的一切不合理，统统归罪于历史上的儒家学派。然而，且不说当代中国的吏治之坏，无论如何也有违于儒者所倡导的爱民、清廉、尚贤、使能、纳谏、勤政、轻徭、薄税的善政标准，由此也肯定是大大劣于（除王朝末年以外的）大部分历史时期，就连当代中国社会的实际流动性，也由于教育成本的高涨和裙带关系作祟，而远远低于符合儒家理念的科举制度。更不要说前文已经强调指

1　牟宗三:《生命的学问》，桂林：广西师范大学出版社，2005 年，第 52—53 页。

出的，真正的儒者到了全球化的时代，反而会从舶来的西方政治理念中，诚挚地看到很多积极的因素，并由此生出主动拥抱世界的心态。——既然"任何一种具体的政治体制，都是介于它所属文明的价值理念和社会结构（特别是经济结构）之间的有限物，它在受终极理想范导的同时，还要受实际物质生产水平的牵制"[1]，那么由此不难想象，在新兴的物质文明与社会结构的基础上，儒者们受其自主人格的驱动，势必会加倍谋求原有理想的落实，企望开出更能体现儒学精神的新型政治理念来。

● 既然如此，当今中国这种步步被动的局面，又到底是在怎样的文化滑坡中形成的呢？实际上这个问题正好同文化激进主义的孪生兄弟——政治激进主义的预设相反：它不仅不能被归咎于历史上的传统，反倒要被归咎于传统在历史中的丧失。如果打个比方，"革命"总有点像是在"剥洋葱"，那么，所谓"不断革命"的过激主张，也就是在主张不断地"剥洋葱"。而可巧的是，尽管历史学研究无法借助于实验室，我们还是可以通过宏观的跨界对比，看出"不断革命"的实际历史后果。——毕竟，在大陆周边还有很多较小的社会，而它们又

1　刘东："读武侯祠"，见《浮世绘》，第15页。

　　　　　　　　再造传统：带着警觉加入全球

选择了各不相同的发展路径，所以，只要通过排列它们的空间并存，就可以一目了然地演示出：在"不断革命"的历史坐标中，到底逻辑地依次存在哪些不同阶段。

● 毫无疑问，为了同全球化的外部世界接轨，当年的传统社会的确需要一次革新或转型，这就是梁启超呼吁"新民"的缘由。所以，如果只要求这"洋葱"被"革掉"一两层，那就是张之洞或梁启超的主张了，它所对应的就会是当今的日本；如果还要再"革掉"一层，那就是孙中山到蒋经国的实践了，它所对应的就会是当今的台湾；如果还要再"革掉"一层，那就属于"新民主主义"的主张了，它所对应的就会是大陆的建国初期；接下来，如果还要把它"革掉"一层，那就会是"无产阶级专政下继续革命"，这"洋葱"也就只剩下小小的、食之无味的"芯子"了，它所对应的就会是"文革"的浩劫；幸亏，此后的中国已经迷途知返，如若不然，还要把这"洋葱芯子"再继续剥下去，那就会进一步坠入民主柬埔寨的悲剧，弄得整个社会简直一无所有了，——那个死硬的张春桥当年在访问它之后，不是已经在鼓动说柬埔寨的同志"走到我们前头"去了吗？

◎ 正是发生在台湾的活生生的例子，切切实实地启示了我们：大规模

地去守护和弘扬国学，跟激进话语中的所谓"开历史倒车"，根本就扯不上什么关系。君不见，他们这边跟我们那边相比，从某种意义来讲，当然是更涵容了外来文化的要素，从而也更富于现代化的特质；然而在别种意义上，却又更强韧地坚持了历史连续性和保住了文化的传统。这种千真万确的文化事实，比任何巧舌如簧的雄辩，都更为有力地说明了：即使已被置于西方文化的严峻冲击之下，一个古老文明的现代形态，仍可以有多种选择的进路，仍可能构成不同的排列组合。——那既取决于历史契机的闪现，也取决于历史主体的把握，由此才既演示了历史发展的非决定一面，又凸显了历史人物的伦理责任。[1]

● 既然说到了这里，就回避不开一个正纠缠着所有当代中国人的梦魇了。——到底是为了什么，一方面，自从十一届三中全会以来，中国改革开放的成就已是举世瞩目，而中国的GDP也已跃升为世界第二，甚至完全可以这样说，纵观全部的世界文明史，从未有过一个如此之大的国家，在如此之短的时间内，以如此之高的速度，进行了如此密集的增长，并造成了如此之大的改变；可惜在另一方面，令人同样瞩目的是，这种经济层面上的持续高速起飞，尽管也带来了物质生

1　刘东："台湾国学丛书·总序"，未刊稿。

　　　　　　　　再造传统：带着警觉加入全球

活的巨变，却并未为人民带来相应的幸福感，相反，整个社会倒是充满了怨气和戾气，似乎干什么都已丧失了基本的底线，而对于现在暴力革命的担忧，显然不是空穴来风，——正是这种惶惶不可终日的感觉，反而迫使那些改革开放的主要获益者们，纷纷要逃离这片养肥了自己的国土，不光是富商巨贾们急于变换国籍转移资产，就连很多原应在监管他们的干部们也悄悄变成了"裸官"。

● 如果从学理层面来解答上述困惑，就应是：由于失去了精神传统的护佑，失去了伦理道德的维系，失去了社群文化的依托，失去了承载社会的卡里斯玛支援，中国现行政治的"合法性"资源，正在虽然无形却极可怕地流失！——对于这种政治上的"合法性"，政治学家弗兰克·帕金（Frank Parkin）给出过这样的解释："在合法化和合法性中间，有一点重要的不同。合法化是一个统治集团为他们自己所作出的要求，他们自然希望所有别的人都接受这种要求。而另一方面，合法性则涉及在其中上述要求已在事实上被受压迫群体所接受和认可的条件。这也就是说，服从所要求的基础，已被期望去服从的人们视作'正当'而接受。合法化来自上层，而合法性则是下层的赠品。"[1]

● 如果沿用传统话语来形容，这种窘境当然可以表述为，执政
  者已经遭遇到"世风日下"、"人心不古"的局面，——而历
  史上的所有智者都一清二楚，这种道德缺失、礼崩乐坏的局
  面该是何等危险！——如果暴秦"二世而亡"的教训还嫌太
  过遥远，如果所谓"马背上不能安天下"的告诫还嫌太过古
  老，那么，至少应当正视一下当代苏联的惨痛教训吧？在貌
  似坚不可摧的苏联竟于一夜间土崩瓦解之后，有人认定这是
  在统治集团内部出现了"叛徒"，所以决不敢再追随戈尔巴乔
  夫式的"公开化"，有人认定这是被美国的"星球大战"计划
  所拖垮，所以总结为必须提高本国的综合国力；然而，如果不
  拘泥于这种政治实用主义和唯生产力论的思路，那么实则更
  为合理的解释应当是：在当时的苏联社会内部出现了深重的、
  必须以外部爆发的形式来解决的道德危机。

● 正是针对相关的误解，里昂·阿隆（Leon Aron）曾在前年的
  《外交政策》（Foreign Policy）杂志上，语出惊人地写下了这

---

1 ［英］弗兰克·帕金：《马克斯·韦伯》，刘东、谢维和译，南京：译林出版社，2011
  年，第78—79页。

样的标题——"你以为你知道的有关苏联崩溃的每件事都错了"（Everything You Think You Know about the Collapse of the Soviet Union Is Wrong）！作者在文中回到那个已被遗忘的历史瞬间："……无论以它自己的眼光，还是以世界其他地区的眼光来看，那恰是苏联在全球之实力与影响的顶点。历史学家亚当·乌兰后来会提示，'我们往往忘记了，在 1985 年的时候，没有一个主要国家的政府像苏联那样，既牢牢地控制着权力，其政策又那样按部就班。'当然，存在很多结构上的原因——经济上的、政治上的、社会上的——然而当苏联垮台的时候，它们却都不能充分地解释，它为什么那个样子就垮台了。在 1985 到 1989 年间，在经济、政治、人口或其他结构条件均未出现急剧恶化的情况下，这个国家及其经济体制，为什么突然开始被足够多的男人和女人们，视作可耻的、非法的和不堪忍受的，从而注定要归于灭亡？"[1]

● 可想而知，里昂·阿隆既已这样设问，其结论差不多就明摆在那里了：苏联的失败不是因为别的，正是因为它作为一个国家在道义上已经破产，以致即使是当时爬到高位、手握权柄的

1 Leon Aron, " Everything You Think You Know about the Collapse of the Soviet Union Is Wrong", in *Foreign Policy*, July/August 2011.

戈尔巴乔夫，以及他周围的雅科夫列夫、雷日科夫、谢瓦尔德纳泽，全都忍受不了再继续生活在时刻都要面对的谎言中。也正是在这样的意义上，1991 年在苏联所发生的事情，其实同样属于一场追求正义的道德革命——"相同的对于自尊与自豪的知性与道德的追求，始自对于国家之过去与现代的无情道德检审，而在短短几年内就掏空了强大的苏联国家，剥夺了它的合法性，把它变成了一个烧毁的外壳，并在 1991 年8 月终于倒塌。"[1]

● 当然，与此同时不可否认的是，前些年的苏联和当今的中国，之所以遭遇了相似的麻烦，都是因为受到了全球化的冲击。——正如挪威学者埃里克森所写到的："人权观念的扩展与实践的拓展，是 20 世纪全球化最引人注目的成功形式。1948 年，联合国通过《世界人权宣言》，人权作为全球伦理标准首次得到确认，随后频繁地在国内、地方和跨国政治中得到唤起。……为扩大人权而对人权的跨国监督和游说也在迅速地增长。非政府组织、政府和联合国机构也定期援用人权。在讨论世界范围内的公正道德标准时，诸如人权与性别、人

1　Leon Aron，" Everything You Think You Know about the Collapse of the Soviet Union Is Wrong".

权与环境、土著居民的人权之类的问题已被稳固地建立。"[1] 由此可知，正是在同全球接轨的崭新形势下，正是在即时同步的信息传递中，过去的政治文化和统治风格，往往会在国际公认的人权标准面前，被映衬得陈旧、过时和人人喊打，而过去作为惯习的特权思想与不良操守，如今也会暴露在公认的廉政指数面前，从而引起越来越难以遏制的不满。

● 不过平心而论，就算已经是这样，也不必再牵强附会而且自欺欺人地，把这些全都解释为哪个"假想敌人"的阴谋，而且这样的解释也已经越来越没有说服力，不可能有效地转移公众的视线。——这是因为，国际互联网带来的巨大挑战，显然并不是针对哪个特定国家的。我们看到，从阿拉伯世界的茉莉花革命，到伦敦街头的突发暴力事件，从缅甸军政府出人意料的转向，到最让美国政府本身难堪的维基解密，都说明这种来自全球化的冲击，已在要求世界各个角落的现政权都必须学会适应更加透明的信息社会。

● 当然，即使已在这种"普世化"的前提下，也应当照顾到"在地化"的要求。——正如埃里克森接着写道："人类学家已经

1 ［挪威］托马斯·许兰德·埃里克森：《全球化的关键概念》，第71—72页。

表明，人权往往在一个特殊的地方背景中得到实施（Wilson，1997；Cowan，2001），这与独特的全球在地化的普遍性相啮合。为了使人权更实用，必须对其解释文字化，有时候还要优先处理。比如，各国对表达自由的限制参差不齐。例如，是重点强调社会和经济权利，还是公民的政治权利，成了一个政治议题。在一些国家，政府努力降低收入差距，并将之视为人权问题；在另一些国家，自由竞争（保证收入差距）也被视为尊重人权的方式。在一些社会，个体自由是最高的价值；而在另一些社会，给予个人安全的家庭完整性更为重要。"[1]

● 正因为这样，来自哈佛大学的罗德里克（Dani Rodrik），才会基于民族国家和全球治理之间的张力，而针对"超级全球化"或者"深度一体化"的幻想，提出了他所谓的"聪明的全球化"、"有节制的全球化"或者"轻量级的全球化"——"我们一定要接受世界各国的政治形态四分五裂这样一个现实，并作出一些残酷的选择。我们要明确指出每个国家的权力与责任。我们不能回避民族国家的角色，认为一个全球化的政治社区正在我们面前诞生，然后按照这个设想来行事。各国政治形态不统一给全球化带来了局限性，我们要承认和接受

---

1 ［挪威］托马斯·许兰德·埃里克森：《全球化的关键概念》，第 72 页。

　　　　　　　　　　再造传统：带着警觉加入全球

这个事实。全球化监管的可行性范围限制了我们想要的全球化范围。超级全球化是不能实现的，我们不应该欺骗自己，必须接受现实。"[1]

● 但无论如何，正因为已暴露在全球化的大势下，暴露在人权标准的普世环境中，也暴露在政治合法化的紧迫危机中，所以必须异常清醒地看到，虽然发展政治文化的具体路径也可以有殊别、异同之分，然而革新政治制度的目标，却要同整个世界构成多元一体。——如果转而更为积极地观察，也正是在岌岌可危的道德困境中，才自下而上地重塑了舆论环境，再次形成了对于改革的共识，从而要求在广泛吸纳参与意识的基础上，稳步而坚定地"驯化权力"，或者"把权力关进笼子"里，而正是这样的一种舆论形势，才给当下的中国带来了新的转机。只不过，由于已经出现了普遍的道德真空，所以新的政治合法性的重建，就不能只等着上面发号施令，而必须在让渡出监督权的情况下，由社会的各方力量去协商与磨合。——说穿了，这样的历史局面，正是长期呼之不出的"政治体制改革"，只不过在当下，这种改革已不再是自上而

1　［美］丹尼·罗德里克：《全球化的悖论》，廖丽华译，北京：中国人民大学出版社，2011年，第193页。

下的，也并非纯粹出于"顶层设计"，而是在全社会的促动下被迫进行的。

● 只有进行这种观念转换，海外学者赵鼎新提出的当今中国"会不会发生革命"的尖锐问题，才能转变成我在此追问的当今中国"能不能进行改革"的较为温和的问题。——进行改革当然有相应的风险，因为改革本身是一门精巧的艺术，要求"艺高人胆大"的驾驭才能；然而，无可逃避的历史考验却在于，如果改革也可能带来失败的话，那么拒绝改革便已等于直接认输；所以，改革与不改革的风险等级其实还是大不一样的。如果认识不到这一点，只是基于领导意图而去曲解那本《旧制度与大革命》，并且耸人听闻地凸显由托克维尔所勾画的那个链条——"对于一个坏政府来说，最危险的时刻通常就是它开始改革的时刻"，那反而会从思想深处扼杀改革的动机，从而忘记了更加正态的史实还在于：坚定果决而具有远见的改革技巧，从来都是避免暴烈革命的唯一途径。

────────────

◎ 第二个问题是托克维尔在书的第三编第四章提出的：路易十六统治时期是旧君主制最繁荣的时期，何以繁荣反而加速了大革命的到来？这一章恐怕是最能引起今日国人关注的一章。托克维尔对这个

　　　　　　　　　　再造传统：带着警觉加入全球

问题的回答是：关键是王权政府在肆意胡作非为，它不断刺激全民族的发展欲望，又不断阻挠这种欲望的满足。这就非常危险，因为时过境迁，三十年前对同样的痛苦能逆来顺受的人们现在已无法忍受了。[1]

◎ 既然改革让公众期望不断攀升，是不是不改革反而江山永固？如果没有改革，人们就没有期望，没有期望不就不会发生革命了？既然治权特权统一有助于社会稳定，是不是统治者把权力牢牢抓在手里就万事大吉？这显然不是《旧制度与大革命》的结论。凡是在改革之前三十年中生活过的人，都知道中国不存在改或不改的选项。改革是不以个别领导人意志为转移的必然。以中国当时的经济和社会形势，不改革情况可能会更糟。随着改革的进行，公众期望攀升是不可避免的，问题是如何防止社会不满酿成影响社会稳定的风潮。[2]

● 在我看来，如果领导层真能在思想认识上，诚心诚意地接受这种"多元一体"的世界大势，那么，在重建政治合法性的困难问题上，尽管决不能再因循以往那种僵化的、充其量

1 高毅："《旧制度与大革命》给我们什么启示"，载《中华读书报》2013 年 2 月 27 日刊。
2 张千帆："重读托克维尔《旧制度与大革命》"，载《中华读书报》2013 年 3 月 27 日刊。

只能拖延时日的思路，然而当代中国还远不是"无路可走"的。——比如，我本人曾经脱口道出的八个字——"党内民主"和"预支未来"，就可以作为合乎情理的策略选项，提供给有勇有谋的改革者去参考。

● 提出"党内民主"的基本意图在于，先要从执政党明文规定的制度上，合法鼓励独立思考、率先试验，以及公平竞争、透明监督，然后再在代表全党公意的普遍投票中，以"试错"的手段来探寻更合民意的政治路线。在当今中国的特殊国情下，这种坦然既适应了当今政治势力分布的实情，从而有望避免派系的暗箱操作，又不致让中国堕入政治真空，而流失保障治国的干才；此外，还可以在"程序合法性"的层面上，相对缓解干部对于下台的恐惧，同时也向日益挑剔的公众提供了释放不满的制度出口。——事实上，以往日本政坛上的自由民主党，曾有过长期"一党独大"的时期，但由于它在内部可以合法分派，就足以在某种代偿的意义上，既在内部有了相互监督的机制，又在外部有了卸去应力的机制，缘此，照样可以在较长的历史阶段中成功地领导现代化的进程，并且等到历史条件逐渐成熟之后，再水到渠成地朝下一步发展。

　　　　　　　　　　　　　　再造传统：带着警觉加入全球

● 提出"预支未来"的基本意图在于，利用巧妙又和缓的政治智慧避开各种现有利益集团的阻力，抢先制定出政治发展的路线图，而把梯次改革的承诺推向未来，从而在社会成员的普遍预期中，首先创造出确保平稳过渡的政治文化，再为继承这项事业的未来政治家留下调适体制的足够弹性空间。——所以，正如我已经公开挑明的，这种筹划的真正奥妙在于，"如果把改革的承诺推向未来，就不会触动现实的利益集团，从而也就不会有人为了到他孙子那一代才有可能出现的利益，来进行明里暗里的杯葛阻挠，否则反而暴露出自己的狭隘。另一方面，再回顾一下当年孙中山提出的所谓'军政——训政——宪政'的路线图，竟又不难发现，这种'预支未来'的做法，并不意味着一张空头支票，相反倒会在下一代的公民文化中，熏陶出一种普遍的预期与认同，从而使得想要挑战这种游戏规则的企图，逐渐变得代价太大而不再成为现实选项。这样一来，就会为未来的政治文化，留下实实在在的调适空间了。"[1]

◎ 进一步说，所谓"预支未来"的奥妙，不仅意味着对"未来"的筹划，而且意味着为当下的"预支"。也就是说，它可以用平滑推进

---

1 刘东："大国之'大'——王道还是霸道"，见《道术与天下》，第 25 页。

改革的缓进技巧，把未来的前景巧妙地"预支"给现在，并使之为其所用。也就是说，这种对于未来的庄重承诺，只要能够缓解尖锐的悬念，自会使原本有可能激化的社会矛盾，随着时间的推移而逐渐缓和，而且，随着阶段性目标的日益临近，它也的确会被逐渐地化解。由此一来，社会氛围自会变得一天天祥和起来。

◎ 同样的道理，这种"预支未来"的发展路线图，也会使中国与世界的艰难接轨，变得平缓简易许多。到底中国将会成为什么样的大国？这是全世界都在焦虑的问题。而一旦中国自己，以发展路线图的形式，给出了让人放心的答案，自当大大释放国际社会的心结，缓解他们对于不确定前景的疑虑。可以想象，这样一种主动的澄清，也将使我国在今后的国际交往中，得到更大的主动性和感召力，从而减少很多不必要的摩擦与损失。[1]

● 接下来，如果把深藏的学理再推进一步，我们还会更加深入地看到，尽管传承儒学的思想家们肯定会从西方的现代民主政体中，看出许多积极可取的甚至正中下怀的因素，尤其是那些强调"人格自主"的因素，然而，他们又不可能全盘接受来自西方的信条，尤其是那建基在孤独个体之上的、过于

1　刘东："大国之'大'——王道还是霸道"，见《道术与天下》，第26—27页。

　　　　　　　　　　再造传统：带着警觉加入全球

迎合一己物欲的、永远不知餍足的"发展模式"。——不过，从思想的逻辑次序上说，又只有在重建了政治合法性之后，中国才有可能积聚起自己的力量，思考更适于本身的发展模式，以便围绕更深的"人与自然"的问题，来进而解决前述的第二种重大失衡。

◎ 莫林认为，"发展"的观念已经构成了西方社会中心论的一个神话，成了北半球对南半球"不发达国家"的殖民工具。按此构想的发展，忽视了不可计算和不可衡量的东西：生命、痛苦、欢乐、爱。它的满足尺度仅仅在于增长率（即产量、生产力、货币收入）。这种仅仅按量来界定的发展忽视了质的方面，忽视了生存的质量、社会连带性的质量、环境的质量、生活的质量。这种计量理性其实是非理性的。这种发展忽略技术—经济的增长往往导致道德上和心理上的不发达，如普遍化的超级专业化、所有的领域都被肢解分隔、超个人主义、利欲熏心，这一切都导致社会连带性的丧失。[1]

● 自从严复以《天演论》中的文化诠释，发出了有可能被"开除球籍"的紧迫警号，中国人就一直处于"救亡保种"的压

---

1 转引自佚名："环球笔记"，载《天涯》2002 年第 5 期。

力中。在这个意义上，尽管以十一届三中全会为界碑，此前的"大跃进"及"文革"与此后的改革和开放，分属于南辕北辙的二水分流，不过如果能体会得更深，反映于其中的急迫心情还是大体相通的。——而在这种行色匆匆的全民急行军中，正如前文已经讲过的，尤数晚近几十年来所发生的变化，其速率之快，为时之长，幅员之广，涉及人口之多，不要说在中国自身的历史上了，就是在整个人类的文明史上，恐怕都从未有过这样的先例。正因为如此，它将给世界史带来的剧烈而持久的冲击，也是站在现在的基点上还无法充分预估的。

● 当然反过来说，这样的冲击也会体现为彼此的互动。当今中国的深刻巨变，虽然已经令人目不暇接，并且已经震惊了世界，不过，如就这种变化的发动机而言，与其说是来自人性的幽深处，还不如说是受到了全球化的恶刺激。正因为这样，与海外媒体同步舶来的消费主义，借着后"文革"时代的普遍价值虚空，才成为了这块土地上大多数人的最后信仰。——只可惜，这种正在推动高速发展的心理动力，同时决定了中国发展的限制。也就是说，一方面，拜现代科技手段之赐，中国人的物质生活的确从未如此优裕过，这确实带来了某种体面和便利；但另一方面，由于缺乏超出一己之私欲的文化动

　　　　　　　　　　　　再造传统：带着警觉加入全球

机，社会的制度层面始终无法良性发育，甚至连基本的赢利行为，都无法有效地规范。

————————

◎ 虽然从一时看来，这种历久弥新的杨朱主义确乎在支持着当代中国的发展，因为对于私利和私欲的追逐与满足差不多已经可以说是这场现代化运动的唯一心理动机，然而由长远视之，这种并无精神向度的现世主义的紧紧封闭的"小我"，毕竟又在规定着当代中国发展的局限，因为整个社会终须依靠各个成员之超出自身的祈求才能得到良好的发育。[1]

● 更加要命的则是，太过强烈的个人物质欲望，不仅在"人与人"之间构成了发展的限制，还在"人与自然"之间限制着高速的发展，而这种限制又被我们国情中的独特矛盾所发酵，——这种矛盾最突出地体现为：人力资源的绝对丰富和自然资源的相对贫乏。必须看到，哪怕是自然资源再丰饶的国家，只要一心想基于丰沛的劳动力，去充当低造价的"世界工厂"，都会给生态环境带来巨大的压力；更何况，我国的可

1 刘东："失去儒家制衡的'个人主义'——周作人案例研究"，见《理论与心智》，第114页。

耕地只占世界的百分之十，而人口却占到了世界的五分之一至四分之一！正是在环境持续恶化的生态压力下，才半心半意地提出了"可持续发展"的口号；不过，且不要说这口号从未得到真正的贯彻，就连这个字面本身，也应当从其反义来解读，即中国在自然资源和生态条件方面，确已走上了极其严峻的、生死攸关的岔路口！

———————

◎ 当代中国的严峻环境危机，一直是自己最为忧心的问题，因为这种人与自然间的尖锐矛盾，注定要比任何纯属人间的腐恶，带来更为深重的甚至无可挽回的影响。还在上个世纪之末，我就曾为此而疾呼观念转变："……作为一个鲜明而典型的案例，剥夺了起码生趣的大气污染，挥之不去地刺痛着我们：其实现代性的种种负面效应，并不是离我们还远，而是构成了身边的基本事实——不管我们是否承认，它都早已被大多数国民所体认，被陡然上升的死亡率所证实。准此，它就不可能再被轻轻放过，而必须被投以全力的警觉，就像当年全力捍卫'改革'时一样。"[1]

● 当然，如从全球化与中国文化的关系来看，这种环境危机的

1　刘东："别以为那离我们还远"，见《理论与心智》，第60页。

　　　　　　　　　　　　再造传统：带着警觉加入全球

深层后果，还是要归咎于西方文明的冲击，归结于全球化对中国的影响。不错，文明进程总是有其意想不到的后果，所以只要是人类的自发实践活动，总有可能付出始料未及的代价。但又应当看到，一方面，在弗兰克笔下的"环球差序格局"中，在沃勒斯坦笔下的"现代世界体系"中，作为发达国家之主要富裕标志的良好生态，本来就是以欠发达国家的环境日益恶化为代价的；而另一方面，那些非西方社会也只是在遭受到外来冲击之后，其生存的环境才骤变得如此恶劣。正因为这样，我曾当面向西方同行指出，在发展至今的全部文明进程中，最不公正的历史事实之一就在于，原本产自欧洲内部的工业化运动的恶果，竟要由全体的非西方文明来苦痛地承受。

◎ 在被这种落差深深触动的同时，你还能被它大大激怒——因为在那一片绿油油的胜景之下，你只要留心观察，就总能挖出血淋淋的事实。毫不夸张地说，美国人对资源的滥用和糟蹋，其令人触目惊心的程度，绝不下于另一个世界里的环境退化：他们信手丢弃的广告单和擦手纸，就足以印制希望小学的全套课本和练习册；他们维持一座豪宅所耗费的电力，绝对抵得上中国内地一座山村的全部照明；他们把汽油卖得比矿泉水还便宜，以至于男女老幼有事没事都开着

私家车狂奔，而且车子的排气量还最好极尽铺张和夸张……你要问这些石油和纸浆哪里来的么？——正好就对应着垃圾般的油井和荒芜的山岭，只是那些残山剩水多被废弃在第三世界了。由此可见，小小寰球上的这道生态鸿沟，并非天然地来自造物主的偏心，而在很大程度上派生于现行国际秩序。[1]

● 进一步说，这种大大倾斜的国际社会结构，正如约翰·麦克尼尔（John R. McNeil）的出色环境史研究所揭示，恰恰是由近代工业革命的性质所导致的。而这种被马克思以"蒸汽磨"来命名的时代，正是约翰·麦克尼尔所定义的"化石燃料时代"。在他看来，把所有的文明都拉进这样的时代，就等于是为全人类的生存下了一个危险的赌注，相信即使是在全球人口和经济都快速成长的情况下，以往曾在起步阶段支撑过它的廉价能源和水源，也会由作为发展基座的环境来持续地提供。——这位历史学家就此这样描述道："在国家与社会必须于竞争性的国际体系中寻求安全的地点与时刻，在企业于竞争性的市场中寻求利润与实力的地点与时刻，在个体于竞争性的社会中寻求地位与财富的地点与时刻，这样来下赌注的确是很诱人的。只要当前的环境持续不变，那些拒绝它的

1　刘东："别以为那离我们还远"，见《理论与心智》，第 53—54 页。

　　　　　　　　　　　　　再造传统：带着警觉加入全球

人就会落败。所以，除非有人把眼光放得久远，除非有人想象到我们当前的环境会很快改变，这样来下赌注就不可能输。而让这场赌博变得更有意思的是，我们在二十世纪的所作所为，越发使得我们当前的环境将会加速变化。"[1]

───────

◎ 到了近代，那些曾让我们获得长期生物学成功的特性——即适应能力和聪颖——也让我们建立起了一门心思要燃烧化石的文明，它们对于生态如此有害，不仅注定会带来意外的结果与震荡，而且其所推动的变迁，还只有利于适应能力与聪颖。我们作为一个族类，在这场变迁中繁荣昌盛，比以往的繁衍速度更快。我们创造了一种永久生态干扰的机制，仿佛向着其他的弱势物种，组织了一场全球性的大阴谋。在不知不觉的社会演化中，这种永久性的生态干扰机制，乃是千百万人之野心与拼搏的意外副产品。[2]

● 如果真正想清了这个问题，按道理就不难顺势领悟，当前这种"以化石燃料为根基"而创化的文明类型，包括准此而用

1 John R. McNeill, *Something New Under the Sun: An Environmental History of Twentieth-Century World*, P., XXIII, New York & London: W. W. Norton & Company, 2000.
2 同上。

来判定"文明—野蛮"的全部是非标准，都必须放到更为广大的"人与环境"的坐标中去重新审视、深刻批判和彻底洗牌。在这个意义上，必须心怀警觉且富于远见地看到，实则整个人类的全部命运，正处在一个生死攸关的、决定性的岔路口。——我在此利用"路口"这个意象，是想触目惊心地向人们说明，大家"虽说也不无可能由于心念一动而有所转折，那就将是我们最后的转机和生机，但也完全有可能就此懵懵懂懂下去，沿着心理的惯性而一条道走到黑，一直走到人类自身存在的万劫不复，这一切全都取决于我们自己的选择！"[1]

◎ 当朋友们兴高采烈地引着我去看楼下那一片圣诞灯火时，我却陡然间联想起徽宗时代汴京的上元灯节，不觉平添了无限惆怅。按说，若比起一千年前"烛龙衔耀，黼藻太平春"的盛景，香港的霓虹灯当然已是有过之无不及了；从这个意义上讲，现代文明似乎达到了更高的成就。可是，这一片比东京的鳌山更辉煌的灯火，却又正是人类无情耗费有限资源的最好象征，所以谁又能断言——如今这种更加迎合放纵人类物欲的现代文明病得比古代文明轻？极而言之，只怕后人竟连像我们这样检省前人失误的机会都没有

---

1 刘东："在回望中升腾起挚爱：序'同一颗星球'丛书"，未刊稿。

了，因为今人很可能正在把整个的生存环境糟蹋一空，落了个白茫茫大地更干净！[1]

● 十五年前，我还曾利用一个"蛙眼"的比喻，来说明为什么人们（包括知识分子们）会普遍地视而不见——整个国土都遭遇了空前的环境危机。"我们刚从'斗私批修'的大批判中脱身，刚从'一大二公'的穷过渡中脱身，刚从'姓社姓资'的紧箍咒中脱身，刚从'短缺经济'的排长龙中脱身，对于闭关锁国的深重危局尚有余悸，对于造成落后的历史惰力犹怀义愤，所以，在现代化重新起步之初，就不得不勉力体贴高层决策的难处，告诫自己对复杂的矛盾要'两害相权'，学会只把主要警惕对准'改革开放'的对立面。这种'蛙眼'式的反应机制，当然不乏其机敏灵动的一面，使我们在许多历史关口充满了现实感，以同仇敌忾的姿态防范了倒行逆施。但与此同时，它也以本能的麻木贻误了我们，使我们对新增的威胁报以不应有的冷漠，坐视它们点点滴滴地山积在面前，哪怕自己早已呼吸困难……"[2]

1　刘东："今宵梦醒何处？——《蒙元入侵前夜的中国日常生活》译后絮语"，见《用书铺成的路》，北京：北京大学出版社，2010年，第126—127页。
2　刘东："在回望中生腾起挚爱：序'同一颗星球'丛书"。

● 正是在这个意义上，今年春季偏偏在人大、政协开会期间，雾霾把京城浓浓地笼罩起来，或许还可以算得上一件转义的"好事"！无论如何，这种剥夺了起码生趣的、简直像死亡气息一样的空气污染，总算把所有"面子工程"所营造的"面子"，都一下子剥离得干干净净了，——以至于当有外国记者居然就此边哭边问时，整个会场只能报之以无言应对，以至于有关环保的各种提案或议案顿时在两会期间成了最大的热点，以至于环境与资源保护委员会的得票率只能在全国人大的八个委员会中垫底……由此看来，也许从来没有像今天这样，整个民族已经真正开始重视起这种火烧眉毛的、严重危及自身生存的环境危机了！

● 因此，我们必须揉揉自己雾蒙蒙的眼睛，重新审视这片既熟悉又陌生的、已被严重污染的国土，必须再次鼓起"思想解放"的勇气，就像当年奋勇捍卫"改革开放"时一样，去反思这种"以化石燃料为根基"因而明显不能持续的发展方式。——三十多年以前，我们曾在全国范围内展开过有关"真理标准"的大讨论，而正是那场激动人心的讨论，导引国人基于"实践"或"效用"的标准，清除积重难返的"文革"遗留问题，从而完成了"战略重心"的转移，加速了中国卷入全球化的进程。三十多年后的今天，面对因为过于急功近

再造传统：带着警觉加入全球

利的发展所带来的同样积重难返的问题，我们肯定是走到了同样生死攸关的隘口，所以，必须以当年讨论"真理标准"的热情和规模，在全体公民中间展开一场有关"发展模式"的讨论。——这场讨论理应关照到存在于人口与资源、眼前与未来、保护与发展等一系列尖锐矛盾。从而，这场讨论也理应为今后的国策制定和资源配置，提供更多的合理性与合法性支持。

● 如果我们不能寻找到适合自己独特国情的"发展模式"，而只是在盲目追随当今这种传自西方的、对于大自然的掠夺式开发，那么，人们也许会在很近的将来就发现，这种有史以来最大规模的超高速发展，终将演变成一次波及全世界的灾难性盲动。——事实上，此前的世界史早已惨痛地告诉我们，由于气候变迁或环境恶化而败亡的人类文明，其实远比迄今幸存下来的文明更多，而且，这种彻底败亡的主要动因，还主要是缘于人类自身的活动："由于环境的退化，无数的古代社会走向了瓦解。埃夫伯里石圈和巨石阵的建造者很可能造成了大面积的森林砍伐，从而导致了土壤侵蚀、气候变化和可能的饥馑。玛雅金字塔的建设者们可能是以同样的方式导致了他们自己的灭亡。过度的灌溉工程（即把盐灌进土壤），加速了苏美尔社会的消亡，这也有可能是印度河流域社会消亡的原因。"[1]

● 当然反过来说，如果能够发挥自己的文化主体性，找到适合于中国独特国情的"发展模式"，那么，我们不仅有可能大大缓解这种空前的危机，甚至有可能再次焕发中国自身的智慧，创造出善待这个小小星球的、具有永恒价值的文化选项。由此可知，实则真正迫在眉睫的就是有效激活本土文化的原创力。在这个意义上，如果我们以更加积极的运思姿态，宏观地展望整个全球史，那么我们至少还有理由想象，其实在中国文化与全球化之间，有可能构成某种更加能动性的关系。——也就是说，如果确能得到有效的开发和激活，那么，曾经备受责难和岌岌可危的中国文化，就有可能不再仅仅扮演受动者和受难者的角色；恰恰相反，它有可能借助于自己在长期文明进程中所获得的价值与经验，来克服或部分对冲由现代性所带来的种种负面效应。

———————————

◎ 此时此刻，如果再来回顾张载所谓"民吾同胞，物吾与也"的教诲，我们自不难联想到，像这种同生存之家园融融一体的价值观念，在

1 Derek Wall, *Green History: A Reader in Environmental Literature, Philosophy, and Politics*, London : Routledge，1994，p.2.

再造传统：带着警觉加入全球

向来被人们视若无睹的传统思想中，原本是有其潜在的深厚根基的。——也正因为这样，我们就更多了几分底气，认定了必须否定以往"否定一切"的文化虚无主义，而沿着传统文化的价值轨迹，更有选择地汲取舶来文化的可取成分，主动和精心地再造出一个康强永续的、足以无愧传给后代的伟大文明。[1]

● 正是带着这种积极而开放的心情，我们的目光足以再次升入全球的视野，去念及"万国之上尤有人类在"，而终于攀升到"广大而高明"的世界主义，正如我前不久就此所论述的："尽管从一方面，我仍然同意克雷格·卡洪的判断，即眼下还没到'后民族'的时代，因为民族国家作为现成的一道篱笆，还可以用来抵御一下全球化的负面；可在另一方面，站在这块有限的思想浮冰上，我也同样意识到了滑到另一边缘的危险，因为只要不能上升到世界主义的高度，人们就不过是大大小小的各式井蛙，他们也就有可能仅仅出于同样的短视，便去不约而同地葬送其共同的长远利益，甚至整个地导致全体人类物种的毁灭。——因此，正如爱因斯坦早就指出过的，'我们要活下去的唯一希望，就在于创立一个能够运用司法裁决，

1　刘东："在回望中升腾起挚爱：序'同一颗星球'丛书"。

来解决各个国家之间的冲突的世界政府。'"[1]

◎ 正像在美术馆中面对一幅需要仔细揣摩的画作时那样，我们在当下
这个瞬间，必须从忙忙碌碌、浑浑噩噩的日常营生中，大大地后退
一步并默默地驻足片刻，以更富距离感和更富陌生化的眼光，来重
新回顾人类和自然的共生历史，从头检讨已把我们带到"此处"的
文明规则。——而这样的一种眼光，也就迥然不同于以往匍匐地上
的观感，它很有可能会把我们的眼界带往太空，像那些有幸腾空而
起的宇航员一样，惊喜地回望这颗被蔚蓝大海所覆盖的美丽星球，
不由对我们的家园产生一种新颖的宇宙意识，并且从这种宇宙意识
中，自然升腾起对于环境的珍惜与挚爱。[2]

● 最后还要强调的是，由于在"人与人"、"人与自然"之间的
失衡，原本就是暗中隐秘相关的，所以对之的摆正也必然是
密切相连的。只要不能有效地重建"政治合法性"，创造出真
正和谐的"人与人"的关系，从而创造出足以"长治久安"
的基础，那就不可能基于自觉而普遍的认同，深刻地反思当

1　刘东："远近高低的卢梭：穿越多国的观念旅行"，载《文景》2012 年 7 月刊。
2　刘东："在回望中升腾起挚爱：序'同一颗星球'丛书"。

前的"发展模式",从而摆脱这种像电影《生死时速》一样的魔咒,并在"人与自然"之间重建"合理性",——当然是指韦伯意义上的"价值合理性",而不是他所讲的"工具合理性",或者说"不合理的合理性"。更进一步说,也只有在调整好上述两种失衡关系的前提下,我们在前文中讨论过的各种东倒西歪的文化因子,才有可能创造性地逐渐恢复其文化功能,从而重新有机地融铸在一起,共同烘托出新型中国文化的完整意义世界。

后 记

● 有点奇特的是，这本篇幅原本相当有限的小书，却收纳了尽量广博的内容。——具体说来，自己先是用最前面的两章，来完成对于全球化特别是文化全球化的现象描述与理论概括；接着又用位于主体部分的八节，来展示和剖析传统文化在申遗、语言、建筑、电影、熊胆、体育、通识、家庭等方面所受到的冲击；最后则以总结性的和分量最重的两章，尖锐地提出了六个层层递进的问题，从而对中国在当今世界所遭遇的态势和承担的命运，以及相应的应对之策与发展模式，进行了提纲挈领的总括思考。

● 把这么多复杂的内容压缩到了一起，难免显得密集和板结。

不过，还需要特别说明的是，就像我们在研究前人的文字时，总要留意它起初是写在甲骨上的还是竹简上的，或者初衷是写来公布的还是留给自己的一样，任何一种特定的写作风格，都和它的发言语境与书写介质密切相关。——而前文已经开宗明义地交代过，我对这个话题的持续关注，先是从一份应命而作的提纲开始的，后又受到一次教学任务的激发，因此，尽管这最后一次的改写与扩充，已使它的篇幅增加到十倍以上，可它还在某种程度上受制于原有路径，故而在写作中保留了跳跃叙述要点的风格。此外，由于在公开发表这些教学的课件时，又受到了版权方面的限制，无法同时发表课堂上演示的图例，就越发使得这些文字显得紧绷起来。

● 当然，更重要的内因还是，自己在面对如此宏大的题目时，内心最为紧张关注的，还是它无论对我的思考范围、阅读广度、切入力度还是平衡能力，都带来了难以把握的挑战，而由此一来，我也就一直紧盯着这种挑战，很少有余力去顾及或考究文字的风格了。——前文已经坦承过，尽管这本书在篇幅上有限，可它要求的知识储备甚是广大，而且如此海量的储备，还真不是临时抱抱佛脚就能恶补的。即使你自觉得也许还能胜任，一旦沉浸到它的写作过程中，焦点也要随着论题而不停地转换，必须快速地沉潜进去又跳跃出来，所以在精神上也觉得特别吃力……

● 既然如此，就索性把这次时间有限的写作，首先看成对于自
己"大局观"和"知识面"的考验吧！——现在斗胆把它奉
献出来，正是请读者在这些方面考核一下笔者。无论如何，
即使只从自己1977年考上大学算起，这种以读书为业的生涯，
也已经度过三十多年了。那么，以自己眼下的学术功力，究
竟能否像高手下棋那样，既靠宏观的布局，又靠局部的妙手，
既点到为止又疏而不漏地把握住"现代生活中的文化传统"，
以图照顾面尽量广大、思考力尽量深入地去构想那个"中国
文化的现代形态"？——说实话，自己对此实在不敢太过自
信，而唯一敢于确信的只是，只要我们这代人还不能想清它，
就终将有负历史交付的文化使命。

● 如果这次很特别的写作，未能像以往那样去照顾"可读性"，
也只好预先请读者给予谅察了。好在，凡是跟我比较熟悉的
人，都知道我喜欢引用叶芝的一句话："学那只母熊，把她的
小熊慢慢舔大！"事实上，尽管这篇文字已被扩充了十倍，
我仍然只把它看作纲目性的文字，眼下已是稍微详细点的提
纲了；无论如何，相对于所要回答的宏大问题，它的分量还是
远远不够的。因而，我肯定还会像叶芝对待他的《幻象》那

样，继续把眼前的这只"小熊"舔大。——比如，我在前文中已经明确地规划过，还会围绕绘画、诗歌、戏剧甚至饮食的课题，继续扩充自己对于文化因子的研究。这当然不是随口的空言，因为我实际上对于这几个题目，已经进行了很长时间的准备。

● 发出这种总是"锲而不舍"的苦愿，并不是因为有谁在天性上偏偏喜欢这么"自讨苦吃"，而实在是因为紧迫地意识到，既已降生在这个越变越小的星球上，降生在这个日益交融的环球时代，那么，这个此身所属的、从历史深处走来的文明共同体，究竟有过什么样的遭遇和命运，还可以继续拥有什么样的机会，就是我们必须要回答，而且要不断重新回答的问题！——当然，下一次再为此动笔的时候，我也许会考虑另换一种表述的风格。

2013 年 5 月 22 日于清华园立斋

再造传统：带着警觉加入全球

图书在版编目（CIP）数据

再造传统：带着警觉加入全球／刘东 著．—上海：
上海人民出版社，2014
ISBN 978-7-208-12086-0

Ⅰ．①再… Ⅱ．①刘… Ⅲ．①中华文化－研究 Ⅳ.
① K203

中国版本图书馆 CIP 数据核字（2014）第 031646 号

策划编辑　姚映然
责任编辑　李　頔
装帧设计　陆智昌

上海文化发展基金会资助项目

世纪文景

再造传统：带着警觉加入全球
刘东 著

出　　版　世纪出版集团 上海人民出版社
　　　　　（200001 上海福建中路193号 www.ewen.cc）
出　　品　世纪出版股份有限公司 北京世纪文景文化传播有限责任公司
　　　　　（100013 北京朝阳区东土城路8号林达大厦A座4A）
发　　行　世纪出版股份有限公司发行中心
印　　刷　北京盛源印刷有限公司
制　　版　北京百川东汇文化传媒有限公司
开　　本　820×1280毫米　1/32
印　　张　8
插　　页　4
字　　数　126.000
版　　次　2014年5月第1版
印　　次　2014年5月第1次印刷
ISBN　978-7-208-12086-0/B·1043
定　　价　39.00元